Celia Stendler-Lavatelli

FRÜHERZIEHUNG NACH PIAGET

CELIA STENDLER-LAVATELLI

Früherziehung nach Piaget

Wie Kinder Wissen erwerben — ein Programm zur Förderung der kindlichen Denkoperationen

1976

ERNST REINHARDT VERLAG MÜNCHEN BASEL

Titel der Originalausgabe:
Piaget's Theory Applied to an Early Childhood Curriculum
A Center for Media Development, Inc. Program

Übersetzt von
Annie Balekdjian und Wulf Weinmann

CIP-Kurztitelaufnahme der Deutschen Bibliothek

Stendler-Lavatelli, Celia
Früherziehung nach Piaget: ein Programm zur Förderung der kindlichen Denkoperationen.
Einheitssacht.: Piaget's theory applied to an early childhood curriculum [dt.].
ISBN 3-497-00769-2

ISBN 3-497-00769-2

Printed in Germany
Satz und Druck: Verlagsdruckerei E. Rieder, Schrobenhausen
Buchbinderei: Oldenbourg, München

Inhaltsverzeichnis

Vorbemerkung

Seit man vor etwa einem Jahrzehnt auch in Deutschland die Bedeutung gezielter Anregungen für die Entwicklung in früher Kindheit (wieder-) erkannt hat, ergießt sich eine Flut von theoretischen Veröffentlichungen und praktischen Förderungsvorschlägen über den Elementarbereich. Dabei verhält es sich meist so, daß die theoretischen Erörterungen kaum in praxisrelevantes pädagogisches Handeln umsetzbar sind, da Eltern, Erzieher und Lehrer durch eine oft künstlich hochgezüchtete Fachsprache abgestoßen werden. Umgekehrt weisen aber auch die vorliegenden konkreten Förderungsprogramme schwerwiegende Mängel auf, so daß man vor einer unreflektierten Anwendung dieser Materialien etwa im Kindergarten warnen muß: Weder sind sie von einer empirisch überprüften theoretischen Grundlage her entwickelt, noch wurden vor der Veröffentlichung Untersuchungen durchgeführt, um zu kontrollieren, ob die beabsichtigten Wirkungen sich überhaupt erzielen lassen – ganz abgesehen davon, daß viele der Programme nur recht dubiose Zielangaben machen bzw. gänzlich darauf verzichten.

Insofern unterscheidet sich die hier vorgelegte Veröffentlichung grundsätzlich von anderen. Die ausführlich beschriebenen praktischen Vorschläge zur Förderung der Denkentwicklung 4–7jähriger Kinder basieren auf den vielfältigen theoretischen und praktischen Forschungsarbeiten *Piagets* und dessen Genfer Schule. Dort wurden und werden die wohl umfangreichsten und langfristigsten Studien zur kindlichen Entwicklung betrieben, die bisher bekannt geworden sind. Leider haben wir in Deutschland lange Zeit so getan, als sei die Genfer Schule überhaupt nicht vorhanden, während die Ergebnisse Piagets etwa in Amerika ganze Forschergenerationen zu Nachuntersuchungen und Modifikationen der Ausgangsgedanken angeregt haben. Dies mag z. T. daran liegen, daß Piaget ein Entwicklungskonzept vertritt, das bei uns (im Kindergartenbereich) auf traditionelle Vorurteile stößt, insofern sich für ihn positive Effekte für die kindliche Entwicklung nicht so sehr aus Behütung, Bewahrung und Wachsenlassen, sondern vielmehr aus gezielter Anregung und Herausforderung der kindlichen Selbstaktivität ableiten lassen. Auf dem Gebiet der Denkentwicklung stellt Piaget rational erkennbare Strukturen und Entwicklungsstufen fest, die bei jedem Kind ungefähr gleich gestaltet sind und durch systematisch aufgebaute didaktische Maßnahmen entsprechend gefördert und verbessert werden können. Dies setzt ein gründliches Wissen um die theoretischen Zusammenhänge sowie ein klar gegliedertes und rational begründbares pädagogisches Vorgehen voraus.

Ein weiterer Grund dafür, daß Piaget hierzulande lange Zeit geradezu ignoriert wurde, liegt vermutlich in der Tatsache, daß seine Arbeiten in französischer Sprache erscheinen. Hierzu sei nur am Rande vermerkt, daß ja auch die so ungemein wichtige »Geschichte der Kindheit« von *Philippe Ariès* (Hanser Verlag) bei uns erst jetzt, 15 Jahre nach ihrem Erscheinen, zur Kenntnis genommen wird. Es braucht also nicht zu verwundern, wenn die zentral wichtigen Erkenntnisse Piagets oft erst auf dem Umweg über die USA bzw. die Rezeption amerikanischer Autoren für uns zugänglich gemacht werden.

Abgesehen von der Vermittlung wichtiger theoretischer Informationen erfüllt der hier vorgelegte Band für Erzieher und Lehrer einen doppelten Zweck:

a) Man erhält interessante und einfache Hilfsmittel zur Diagnostizierung und Einordnung des Entwicklungsstandes der Denkoperationen von Kindern. Besonders positiv ist, daß Kinder dabei nicht als Testpersonen behandelt zu werden brauchen, sondern Interaktionspartner in strukturierten Handlungssituationen sind.

b) Je nachdem, was der Erzieher in diesen Situationen vom Kind erfährt, kann er direkte Folgerungen für anschließende Förderungsmaßnahmen ableiten; nicht die Kinder müssen sich also einem vorgegebenen Programm anpassen – die einzelnen Maßnahmen richten sich vielmehr nach den individuellen Bedürfnissen des Kindes.

Bliebe noch anzumerken, daß die dargestellten Aktivitäten sowohl mit einzelnen Kindern als auch mit Kleingruppen durchgeführt werden können – dies dürfte gerade für den Kindergartenbereich von Wichtigkeit sein.

Wulf Weinmann
Institut für Kinderforschung und Unterrichtspsychologie
der Universität München
Wehnerstr. 23, 8 München 60, Tel. 089/884482

Einleitung

Jean Piaget ist in jüngster Zeit Millionen von Amerikanern schnell zu einem Begriff geworden. Während seine Schriften über die sprachliche und moralische Entwicklung in den dreißiger und frühen vierziger Jahren von einem breiten Publikum gelesen wurden, blieb seine Arbeit auf dem Gebiet der Intelligenzforschung bis in die späten fünfziger und sechziger Jahre weithin unbeachtet. Amerikanische Psychologen kritisierten an seiner Arbeit den Mangel an exaktem Datenmaterial. *Piaget,* so meinten sie, habe nur vom Ablauf seiner Interviews mit Kindern berichtet, aber keine statistische Forschung betrieben. Erst in den letzten zehn Jahren ist es *Piaget* gelungen, in Amerika »Fuß zu fassen«, und erst in dieser Zeit wurde seine große theoretische Bedeutung erkannt.

Piaget, der 1896, also vor mehr als 70 Jahren, in der Schweiz geboren wurde, begann seine produktive Karriere schon als Kind, indem er als Zehnjähriger einen Aufsatz von einer Seite über einen Albino-Sperling, den er beobachtet hatte, veröffentlichte. Sein Interesse galt zunächst der Biologie; er promovierte mit einer Arbeit über Weichtiere und veröffentlichte eine Reihe von wissenschaftlichen Arbeiten über dieses Thema. Er interessierte sich jedoch auch seit jeher für Philosophie und Psychologie und glaubte, die Biologie könne zu der Frage, wie Kinder Wissen erwerben, beitragen. Er arbeitete eine Zeitlang in Paris unter *Binet* an der Standardisierung von Intelligenztestaufgaben. Kinder werden in Intelligenztests nach den spezifischen Antworten bewertet, die sie auf die ihnen gestellten Fragen geben. *Piaget* jedoch forderte Kinder auf, ihre Antworten zu erläutern, und war sowohl von den unkorrekten als auch korrekten Antworten fasziniert. Später beobachtete er in Genf das spontane Verhalten seiner eigenen Kinder und forderte sie auch zu bestimmten Verhaltensweisen heraus. Er entwickelte mit Mitarbeitern »Aufgaben«, die sich mit Zahl, Raum, Klassifikation, usw. befaßten und zeichnete die Gedankengänge der Kinder bei der Lösung dieser Aufgaben auf. Diese sorgfältigen Aufzeichnungen und Beobachtungen verwendete er später als zusätzliches Beweismaterial in seinen theoretischen Arbeiten über die Entwicklung der Intelligenz.

Heute gilt *Piaget* als einer der großen Theoretiker auf dem Gebiet der Entwicklungspsychologie. Er hat uns ein Modell von den Prozessen geliefert, die beim Wissenserwerb und bei der Entwicklung der logischen Intelligenz von Geburt an und durch die Adoleszenzzeit hindurch eine Rolle spielen. Er bezieht zahlreiche Disziplinen, wie Psychologie, Erziehungswissenschaft, Soziologie, Anthropologie, Mathematik usw. in seine Arbeit mit ein. Es dürfte heute sicherlich schwierig sein, an einer amerikanischen Universität einen Grad zu erhalten, ohne sich mit *Piagets* Werk auseinandergesetzt zu haben.

Sicherlich sollte jede Theorie über den Wissenserwerb von Kindern Anweisungen darüber enthalten, wie dieser Prozeß noch effektiver gestaltet werden könnte. *Piaget* selbst sagt, daß sich seine Theorie auf die Pädagogik anwenden ließe, aber er fügt auch hinzu, er sei kein Pädagoge und überlasse die Umsetzung dieser Theorie den Erziehern.

In diesem Buch wollen wir uns mit der Anwendung von *Piagets* Theorien auf ein Curriculum für die frühe Kindheit befassen. Wir wollen auf relevante Aspekte von *Piagets* Theorie eingehen, beschreiben und erklären, wie das Kind allmählich Begriffe von Klassifikation, Zahl, Maß, Raum und Seriation erwirbt. Auch die Anwendbarkeit dieser Theorie auf Lernprozesse bei vier-, fünf- und sechsjährigen Kindern soll gezeigt werden. Dieses Programm wird Kindern helfen, logisch denken zu lernen; es liefert ihnen auch konkretes Material, anhand dessen sie sich auf bestimmte Art und Weise beschäftigen können, und dem Lehrer liefert es die entscheidenden Fragen und Probleme, mit denen er Kinder konfrontieren kann. Nach *Piaget* macht die Einwirkung des Subjekts auf Objekte und Ereignisse der Umwelt die Aneignung *(Assimilation)* von neuen Ideen möglich; gleichzeitig können sich dabei schon bestehende geistige Strukturen diesen neuen Ideen anpassen *(Akkommodation)*, und ein geistiges Gleichgewicht kann auf einer höheren Stufe hergestellt werden.

Führt man dieses Programm aus, so zahlt sich dies in unerwarteter Weise aus, denn der Lehrer erfährt sehr viel über Denkprozesse. *Piagets* Theorie ist schwer verständlich, aber sie wird sinnvoll, wenn Lehrer Kinder vor Probleme stellen, die mit Hilfe von konkretem Material gelöst werden sollen, und wenn sie den Erklärungen und Überlegungen der Kinder Beachtung schenken. Ich kenne Lehrer, die nach diesem Programm vorgehen und sich eng an die Aktivitäten und Fragen, die im Text vorgeschlagen werden, halten. Da sie jedoch immer wieder die gleichen Antworten zu hören bekommen, werden sie angeregt, ihre Untersuchungsarbeit kreativer zu gestalten; sie schlagen deshalb Aufgaben für Kinder vor, die unter Verwendung von Materialien wie Bauklötzen, Puppen und dergleichen gelöst werden sollen; denn, wie *Piaget* meint, bedeutet Kindern etwas *sagen* nicht, ihnen etwas beibringen. Nur wir selbst und nicht andere können uns davon überzeugen, daß unsere Vorstellungen falsch sind. Der Lehrer jedoch, der zur rechten Zeit die richtige Frage zu stellen weiß, kann das Kind dazu anregen, selbst nach Antworten zu suchen, und es stimulieren, eigene Entdekkungen zu machen.

Ich vermag kaum meine Dankbarkeit Professor *Piaget* gegenüber auszudrücken, dessen Vorlesungen ich an der Genfer Universität während zweier Freisemester hörte. Dieser »Riese« der Erkenntnistheorie, wie Professor *J. McVicker Hunt* ihn genannt hat, veränderte meine Vorstellungen über die Beschaffenheit der Intelligenz und machte mich aufmerksam auf die Möglichkeiten einer Anwendung seiner Theorie auf die Erziehung kleiner Kinder. Seine, sowie die Schriften von *B. Inhelder,* sind für mich wie für tausend andere eine ständige Quelle der Anregung.

Celia Stendler-Lavatelli
(Universität von Illinois)

1. Unterschiedliche Auffassungen über Erziehung in der frühen Kindheit

Im vergangenen Jahrzehnt haben sich die Auffassungen über die Entwicklung der Intelligenz auf revolutionärere Weise gewandelt. Während man früher der Ansicht war, Intelligenz sei ein festes, unveränderliches Erbprodukt, ist man jetzt der Meinung, daß geistige Kapazität zu einem bestimmten Zeitpunkt das Ergebnis der *Interaktion* von Vererbung und Erfahrung ist.

Dies ist weder eine Neuformulierung der beliebten Verallgemeinerung, daß sowohl Umwelt als auch Vererbung die geistige Entwicklung beeinflussen, noch eine Neuformulierung der Vorstellung, daß der Mensch mit einer besonderen geistigen Kapazität geboren werde, und ob diese Kapazität sich weiterentwickele oder nicht, hinge von der Umwelt ab. Der Standpunkt, der in der Frage der Interaktion eingenommen wird, besagt, daß sich geistige Strukturen von Kindheit an als Folge von Begegnung mit der Umwelt herausbilden und daß die Veränderungen *kumulativ* sind. Das Verhalten des einzelnen bei einer bestimmten Begegnung, die Art, in der er ein Problem löst, hängen von den geistigen Strukturen ab, die aus früheren Interaktionen entstanden sind, die wiederum von Strukturen abhängen, die in noch früheren Interaktionen gebildet wurden. Die frühen Kindheitsjahre werden von den Vertretern der Interaktionstheorie des Denkens als besonders entscheidend betrachtet. Man beginnt in zunehmendem Maße zu erkennen, daß die Art der Erfahrungen, mit denen das Kleinkind die Möglichkeit hat, zu interagieren, auf die Entwicklung seiner Intelligenz einwirkt; auch die Überzeugung, daß man dem Kleinkind Erfahrungen, die sein Denken stimulieren und zum Wachstum geistiger Strukturen beitragen, verschaffen sollte, wird zunehmend stärker.

1.1. Veränderte Auffassungen über Intelligenz

Die veränderte Auffassung, daß Intelligenz von Anregungen abhängig sei, resultiert z. T. aus *Hunts* Buch *Intelligence and Experience,* in dem die Forschungsarbeiten, die sich mit der Wirkung der Umwelt auf Intelligenz-Testwerte befaßten, erörtert werden.

Ein Teil der Arbeiten befaßte sich mit Tierforschungen; ein weiterer mit Untersuchungen über Menschen. Eine besonders interessante Studie beschäftigte sich mit den Wirkungen der Stimulation im Säuglingsalter auf die spätere geistige Entwicklung. Es geht dabei um die Frage, ob eine Gruppe von Säuglingen, die eine nur minimale Stimulation erfuhren, gegenüber Säuglingen, die in einer stimulierenden Umgebung aufwuchsen, in ihrer geistigen Entwicklung beeinträchtigt werden würden. Zwar können wir menschliche Wesen nicht absichtlich Bedingungen aussetzen, die ihnen unserer Meinung nach schaden würden; trotzdem war es aber in der Vergangenheit möglich, Säuglinge zu finden, die in Heimen unter Bedingungen lebten, die ihnen einen minimalen Grad an Stimulation lieferten. *Skeels und Dye* (1939) schildern Säuglinge, die sie in einem Waisenhaus angetroffen hatten, die teilnahmslos, stumpfsinnig, verschlossen und untätig buchstäblich dahinvegetierten. Die Säuglinge wurden von den Pflegern körperlich ausgezeichnet versorgt, erhielten aber wenig Stimulation in Form sozialer Spiele oder Spielzeug. Den Psychologen war so daran gelegen, insbesondere drei dieser Säuglinge lebensfähig zu erhalten, daß sie dieselben aus dem Waisenhaus herausnahmen und in die einzige andere verfügbare Einrichtung – ein Heim für geistig zurückgebliebene Mädchen – brachten. Dort wurden die drei Säuglinge von vierzehnjährigen Mädchen betreut, die aus der Reihe ihrer schwachsinnigen Hausgenossinnen als überdurchschnittlich intelligent ausgewählt worden waren. Mehrere Monate später, als die Psychologen dasselbe Heim wieder besuchten, fiel ihnen das aufgeweckte, muntere und intelligente Verhalten derselben drei Säuglinge auf. Folgendes war geschehen: Die vierzehnjährigen Mädchen hatten an den Säuglingen ein mütterliches Interesse genommen und sie mit Aufmerksamkeit geradezu überhäuft, die im Waisenhaus, in dem die Säuglinge Tag für Tag bei nur geringer Stimulation durch Menschen oder Dinge zugebracht hatten, fehlte. Die Psychologen beschlossen, die Wirkungen einer stimulierenderen Umgebung mit dreizehn weiteren Säuglingen, bei denen sich zunächst Testwerte von 36 bis 89 IQ-Punkten ergaben, zu untersuchen. Zwei Jahre später wurde ein durchschnittlicher Entwicklungszuwachs von 27 Punkten für die Gruppe verzeichnet. Eine nach 21 Jahren durchgeführte Nachfolgeuntersuchung zeigte, daß die Erwachsenen, die unter stimulierenden Bedingungen aufgewachsen waren, zu selbständigen Menschen geworden waren, während die, die ihr Säuglingsalter im Waisenhaus verbracht hatten, immer noch in Heimen betreut werden mußten.

Durch zahlreiche Forschungen dieser Art kam man zu der Überzeugung, daß Intelligenz nichts Unveränderliches ist, sondern wächst; und so, wie es sich mit anderen Wachstumsvariablen verhält, ist der Einfluß der Umwelt auf jene Wachstumsvariablen während der Zeit ihres größten Wandels am stärksten; die frühe Kindheit ist die Zeit, in der das kognitive Wachstum sich am schnellsten vollzieht. Ein Psychologe (*Bloom,* 1964) hat geschätzt, daß, wenn man das 17. Lebensjahr als Kriterium setzt, man annehmen kann, daß 50 % des Gesamt-IQs zu diesem Zeitpunkt bereits im Alter von vier Jahren vorausgesagt werden könne und zusätzliche 30 % in der Zeit vom 4. bis 8. Lebensjahr. Mit anderen Worten: Kurven geistigen Wachstums scheinen in der frühen Kindheit rapide zu steigen und in der Adoleszens abzuflachen; deshalb ist es wichtig, das geistige Wachstum in der frühen Kindheit durch Erfahrungen anzuregen. Gegen den Standpunkt, der in bezug auf die Stimulation des Intelligenzwachstums hier vertreten wird, argumentierte *Jensen* in einem Aufsatz (1969). *Jensen* vertritt die Auffassung, daß Umweltfaktoren bei der Bestimmung des IQs bei weitem nicht so wesentlich wie genetische Faktoren seien. Er gelangt zu dieser Ansicht zum Teil aufgrund seiner Analyse der genetischen Komponenten und Umweltfaktoren bei Werten, die in Intelligenztests ermittelt wurden: Er stellt fest, daß die IQ-Werte zweier Menschen umso ähnlicher seien, je enger sie miteinander verwandt sind; damit wird die stark determinierende Funktion der genetischen Komponente bewiesen. *Jensen* prüft auch andere Resultate, sowie Erziehungsversuche zur Erhöhung des IQs, und er kommt zu dem Schluß, daß die kompensatorische Erziehung fehlgeschlagen sei und daß Änderungen bei IQ-Werten, die in solchen Programmen erzielt wurden, im allgemeinen gering und flüchtig waren; eine noch größere Gegenposition bezieht *Jensen* bei der Analyse von Testwerten von Negerkindern; er folgert: »Das Beweismaterial wird meiner Meinung nach weniger einsichtig bei einer streng umweltbezogenen als bei einer genetischen Hypothese, was den Einfluß der Umwelt bzw. deren Interaktion mit genetischen Faktoren natürlich nicht ausschließt« (S. 82). *Jensens* Behauptung, die Erziehungspraktiker hätten die Bedeutung der Vererbungsfaktoren zu gering geschätzt oder gar geleugnet, ist unrichtig, denn auch die meisten Erziehungspraktiker sind mit ihm der Meinung, daß geistige Leistung auf einer genotypischen Grundlage beruht. Das heißt aber nicht, daß sie auch glauben, daß bereits das bestmögliche Milieu für die Entfaltung der Intelligenz geschaffen worden ist; denn die Förderung der Intelligenz ist bei benachteiligten Rassenminoritäten in der frühen Kindheit so gering, daß das geistige Wachstum darunter leidet. Die Erzieher stimmen weiter mit *Jensens* Behauptung, kompensatorische Erziehung sei zwar versucht worden, aber offensichtlich fehlgeschlagen, auch nicht überein. Sie haben vielmehr das Gefühl, daß noch kaum versucht worden ist, die »ökologische Lücke«, wie *Hunt* treffend sagt, zu verändern. Sowohl Psychologen als auch Erziehungspraktiker betonen in kritischen Besprechungen von *Jensens* Aufsatz (*Harvard Educational Review*, 1969) immer wieder, wie wichtig qualifizierte Erziehung in der frühen Kindheit ist, und wie nötig es ist, Erziehung als Waffe im Kampf gegen die Folgen einer armen sozio-ökonomischen Umwelt einzusetzen.

Aber wie sollte diese erzieherische Intervention beschaffen sein? Welche wirksamen Mittel gibt es, negative Begleiterscheinungen der Armut im geistigen und erzieherischen Bereich zu beseitigen? Wann sollte man eingreifen? Jahrelang versuchten staatliche Schulen, die eine große Zahl von Kindern aus bedürftigen Familien aufnahmen, mit dem Problem auf einfache jedoch wirkungslose Art und Weise fertig zu werden; sie planten für die benachteiligten Gruppen ein Curriculum, das ein bis mehrere Grade unter der gängigen Norm lag. So lernten »langsame« Fünftklässler das, was normalerweise zum Stoffgebiet der dritten Klasse gehörte; die Schule erwartete dabei in einem Schuljahr von den Kindern keineswegs mehr als eine Jahresleistung. Aber bei diesem sehr typischen Muster holten die Kinder nicht nur ihre Versäumnisse nicht nach, sie schienen auch den Boden unter den Füßen zu verlieren, so daß die Leistungsdiskrepanz zwischen mittleren und unteren Klassen mit jeder Klassenstufe größer wurde. Lösungen dieser Art werden von Autoren wie *Kenneth Clark* kritisiert.

Heute geht jedoch die Tendenz eher dahin, ein Förderungsprogramm, das die spezifischen Intelligenz- und Motivationsdefizite berücksichtigt, die sich bei Untersuchungen von benachteiligten Kindern ergeben haben, schon vor Eintritt in die Elementarstufe einzusetzen. Experimentelle Vorschulprogramme wurden entwickelt, um besondere Nachteile im kognitiven Bereich anzugehen, die im sozialen Hintergrund der Kinder wurzeln. Es wird mangelnde Motivation im affektiven Bereich erkannt, und es sind besondere Bemühungen im Gange, den Leistungswillen in der Schule zu fördern. Es ist Aufgabe dieses Abschnitts, momentane Förderungsbestrebungen zu analysieren und zu beurteilen und sich für ein Programm einzusetzen, das auf dem heutigen Stand der Kenntnisse über die Ursprünge der Entwicklung der menschlichen Intelligenz beruht.

Schon immer sah man die Jahre im Kindergarten als die Periode, in der Kinder aus bedürftigen Familien am meisten von Erziehungsmaßnahmen profitieren. Das Kind ist alt genug, die Trennung von zu Hause zu ertragen, und noch genügend entwicklungsfähig, um mit Hilfe von Unterstützung ungünstige Verhaltensweisen und Denkmuster zu ändern. Läßt man das benachteiligte Kind in seinem ärmlichen Milieu, so hat es bis zum Eintritt in die erste Klasse der Grundschule Zeit, sich seiner Umwelt anzupassen, was sich später möglicherweise negativ auf sein schulisches Lernen auswirken könnte. Es entwickelt Sprech- und Denkmuster, die sich von den zum Erwerb von Grundfertigkeiten wie Lesen, Rechnen und Schreiben erforderlichen unterscheiden. Man kann hier die Analogie zu einem Erwachsenen aufstellen, der in eine neue Stadt zieht; dieser wird sich, wenn er sich nicht innerhalb der ersten Wochen im Geiste einen umfassenden Stadtplan entwirft, auf eine weniger effektive Art und Weise zurechtfinden.

Nach mehreren Jahren wird er dann vielleicht merken, daß er die Geographie der Stadt noch nicht wirklich kennt. Genauso müssen Kinder armer Herkunft so früh wie möglich Denkmuster entwickeln, die ihnen den Weg zur Schule ebnen. Eine Reihe interessanter Experimente wird jetzt durchgeführt, um Möglichkeiten zu finden, Kinder genau diesen Weg gehen zu lassen.

1.2. Curriculum-Typen für die frühe Kindheit

1.2.1. Der entwicklungsorientierte Kindergarten

Der entwicklungsorientierte oder traditionelle Kindergarten, wie er neuerdings auch genannt wird, mißt der sozialen und emotionalen Entwicklung große Bedeutung – vielleicht sogar größere als seiner geistigen – bei. Dies ist verständlich, da die Mehrzahl der Kinder Mittelschichtskinder sind und damit ohnehin in einer geistig stimulierenden Umwelt aufwachsen. Die Lehrer an Kindergärten sind dafür ausgebildet, kindliche Verhaltensweisen zu untersuchen, nach unbewußten Motivationen zu forschen und das Verhalten des Kindes durch gelenkte Aktivitäten bilden zu helfen. Das überaggressive Kind erhält neue Verhaltensmaßstäbe und erfährt die Gründe für den notwendigen Abbau seiner Aggressionen. Das von zuhause und der Mutter allzu abhängige Kind lernt, sein Selbstbewußtsein zu entwickeln. Gleichzeitig versuchen die Erzieher, die soziale Anpassungsfähigkeit des Kindes zu fördern und leiten es dazu an, sich in andere Kinder einzufühlen, sich mit ihnen zu beschäftigen, bestimmte Tätigkeiten verantwortungsbewußt auszuführen, für Sauberkeit zu sorgen, Spielzeug miteinander zu teilen usw. Erzieher-Eltern-Gespräche haben dazu beigetragen, Problemen wie allzu starke Beaufsichtigung des Kindes, schlechte Eßgewohnheiten, Geschwisterhaß, Daumenlutschen und Bettnässen abzuhelfen.

Die Entwicklung der Kreativität des Kindes ist eines der großen Anliegen des Vorschulcurriculums. Große Bauklötze, eine Haushaltsecke, hübsche Kleider, Farben und Ton gehören zur traditionellen Ausstattung von Kindergärten und stehen den Kindern frei zur Verfügung; anhand dieser Gegenstände lernen sie ihre Vorstellungskraft entwikkeln, vor allem auch deshalb, weil sie nur wenige Vorschriften und Anleitungen von den Lehrern erhalten. In der Tat steht den Kindern in den Kindergärten viel Zeit zum freien Spiel zur Verfügung, in der sie selbst entscheiden können, womit und was sie spielen wollen. Aus Holzblöcken können sie beispielsweise einen Flughafen bauen und dann ihre »Jets« abfliegen und landen lassen. Sie können auch »Puppenmutter« spielen und das Puppenbaby abwechselnd liebkosen und schlagen. Solche Spiele werden nicht nur deshalb befürwortet, weil sie zur Entwicklung der Kreativität beitragen, sondern auch, weil sie zum Abbau von Spannungen beitragen. Ein Kind, das unter zu starker Beaufsichtigung leidet, wird allmählich glücklicher und verliert seine Hemmungen, wenn es mit Fingerfarben spielen kann; ein anderes Kind, das auf seine neugeborene Schwester eifersüchtig ist, kann seine Gefühle eher durch Verhauen einer Puppe ausdrücken, als durch unterdrückte Feindseligkeit oder Schuldgefühle.

Obwohl traditionelle Erziehungsprogramme auf Aspekte wie Persönlichkeitsentwicklung, soziale Anpassungsfähigkeit und Kreativität großen Wert legen, werden auch andere Entwicklungsfragen nicht außer acht gelassen. Lehrer erkannten auch die Bedeutung der Bewegungserziehung und legen Wert auf die Bereitstellung fahrbarer Spielzeuge, von Schaukeln und anderen geeigneten Materialien anstelle von traditionellen Spielzeugen. Sie halten auch die sprachliche Entwicklung des Kindes für sehr wesentlich, erzählen Geschichten, machen Spiele, bei denen man einen Gegenstand anschauen und dann darüber berichten soll, üben den Wortschatz, verbessern die Aussprache, beseitigen grammatische Fehler und ermuntern das schweigsame Kind zum Reden. Sie unternehmen Ausflüge, um den sozialen Horizont des Kindes zu erweitern und halten im Spielraum Pflanzen und Tiere, um seine Beobachtungsgabe zu fördern und seine naturwissenschaftlichen Kenntnisse zu erweitern.

Vorschulprogramme für Kinder aus mittleren wie auch unteren sozio-ökonomischen Schichten legen nach wie vor großen Wert auf die soziale und emotionale Entwicklung des Kindes. Der Kindergartentag beginnt mit freiem Spiel, wobei das Kind selbst entscheiden kann, ob es beispielsweise mit Bauklötzen, Puppen, fahrbaren Spielzeugen spielen will, sich lieber künstlerisch betätigt oder Rätsel löst. Dabei werden die Kinder von den Lehrern und Hilfskräften beobachtet, die mit ihnen zusammenwirken und sich bemühen, das Spiel und die soziale Aktivität des Kindes konstruktiv weiterzugestalten; das Selbstbewußtsein schüchterner und scheuer Kinder wird gestärkt, während aggressive und angeberische Kinder zu einer anderen Verhaltensweise angeleitet werden. Nach dieser Spielzeit muß jedes Kind die Spielzeuge, die es benutzt hat, aufräumen und die Unordnung, die es verursacht hat, beseitigen. Zu jeweils bestimmten Tageszeiten können sie auch Getränke wie Fruchtsaft oder Milch einnehmen und dabei vor allem die soziale Kommunikation pflegen; sie können auch im Freien spielen und ihre Muskeln betätigen oder sich mit Musik, Rhythmen und Geschichten beschäftigen. Um Übermüdung und Überreizung zu vermeiden, wird eine Ruhepause eingelegt. Die Rolle des Lehrers bei all diesen Aktivitäten ist es, das Verhalten und die Entwicklung des Kindes zu verfolgen und zu fördern; Kinder, die die Möglichkeit haben, die Spielausrüstung, die ihnen zur Verfügung steht, ungezwungen zu erforschen und anhand dieser Ausrüstung ihre Kreativität zu entfalten, können ihre Fähigkeiten gemäß dem ihnen eigenen Tempo zu entwickeln.

Nicht alle Kindergärten erlauben derartige Freiheiten. Es gibt viele Einrichtungen, die sehr viel rigider vorgehen und das Vorschuljahr als eine Art erstes Schuljahr im kleinen betrachten. Spielerische Aktivitäten werden dabei zurückgedrängt. Die Kinder verbringen die meiste Zeit auf ihren Stühlen bei Stillarbeit. Wie zu erwarten ist, äußern sich Kinderpsychologen sehr kritisch gegenüber Programmen, die die sozial-emotional-kognitive Förderung der Kinder kaum berücksichtigen. Solch stereotype Curricula sind vom entwicklungspsychologischen Standpunkt aus wenig geeignet.

Nachdem der Leser nun ein günstiges Bild vom entwicklungsorientierten Kindergarten erhalten hat, wird er sich wundern, wenn er erfährt, daß eben dieser Vorschultyp herber Kritik ausgesetzt ist. Kritik an der Elementarerziehung ist nicht neu; jahrelang drängte man sowohl Kindergärten als auch Nursery Schools, Lesen, Schreiben und Rechnen in ihr Programm aufzunehmen und die Kinder auf das erste Schuljahr vorzubereiten.

Heute muß sich die Vorschule gegen Angriffe anderer Art verteidigen und ist das Streitobjekt von Erziehungspsychologen, Soziologen und Laien. Ihr wird nicht nur vorgeworfen, die geistige Entwicklung des Kindes zu *vernachlässigen*, sondern sie wird, da sie formale Unterrichtsmethoden ablehnt, als geradezu *anti*-intellektuell angesehen. Man wirft ihr Vernachlässigung der geistigen Erziehung des Kindes vor, dessen geistiges Wachstum ohne intellektuellen Inhalt und ohne formales Lernen nicht stimuliert werden könne; es wird weiter der Vorwurf gemacht, daß solch ein anti-intellektuelles Curriculum nicht nur gegen die Interessen von benachteiligten Kindern verstoße, sondern auch für Mittelschichtskinder nicht geeignet sei. Diese Kritiker äußern sich verächtlich über die Bedeutung, die der Förderung der persönlichen und sozialen Anpassungsfähigkeit, die durch das freie Spiel gefördert wird, beigemessen wird, und kritisieren den Mangel an Aktivitäten im kognitiven Bereich.

Trotz solch massiver Kritik sollten wir jedoch beachten, in welch starkem Maße Spielaktivitäten zur geistigen Entwicklung beitragen. Jeder, der sich mit der Vorschule ernsthaft befaßt, stellt fest, daß das Spiel des Kindes nicht rein zufällig erfolgt, sondern beträchtlichen experimentellen Charakter aufweist. Durch Spielaktivitäten wie das Balancieren einer Wippe, Bauen eines Turmes aus Holzblöcken, Schwebenlassen von Spielzeugen, Eingießen von Flüssigkeit in verschieden große Behälter können neue Informationen ermittelt und geistige

Strukturen gebildet werden. Wenn alle Lehrer an Kindergärten und Psychologen auf diesem Gebiet so wach wie *Piaget* für die Bedeutung des Spiels in bezug auf die geistige Entwicklung wären, würden mehr Nachforschungen über ihren erzieherischen Wert betrieben werden.

1.2.2. Montessori-Vorschulen

Die Wiedergeburt der Montessori-Bewegung stellte für die entwicklungsorientierten Vorschulen die erste ernsthafte Herausforderung dar. Kindergärten, die auf der Grundlage der von *Montessori* geschaffenen Methode arbeiten, sprossen in den fünfziger und sechziger Jahren wie Pilze aus dem Boden. Diese Schulen unterscheiden sich vom traditionellen Kindergarten dadurch, daß hier großer Wert auf strukturierte Tätigkeiten gelegt und die sozial-emotionale Entwicklung des Kindes nicht so betont wurde.

Die Sinnesbildung ist fast zu einem Synonym der Philosophie *Montessoris* geworden. *Montessori* setzte sich für gezieltes Training der Sinne ein und stellte Übungen und Materialien zur Schärfung der taktilen, Wärme-, Gewichts- und Muskelsinne zusammen. Didaktisches Material wurde vorbereitet, um Kinder Figuren wie Rechteck, Viereck, Kreis, Vieleck und Ellipse erkennen zu lehren; dafür wurden auf großen Vorlagen die einzelnen Formen ausgeschnitten, in die entsprechende Figuren eingesetzt werden sollten. Durch anderes Material, wie aus Sandpapier hergestellten Buchstaben, sollte das Kind die Gestalt einzelner Buchstaben kennenlernen und erste Leseerfahrungen machen.

Ein weiterer Aspekt des Montessori-Curriculums ist die Erziehung des Kindes zu Unabhängigkeit, der die »Übungen im praktischen Leben« (die in Montessoris Werken, vor allem in *The Montessori Method,* Cambridge, Mass., Robert Bentley inc., 1964, besprochen werden) dienen; hier lernen Kinder, wie man Knöpfe auf- und zumacht, Schuhe bindet, Wasser aus einem Behälter ausgießt, den Boden kehrt und Dinge pflegt. Manche der Übungen erscheinen heute schon als veraltet und werden kritisiert, denn das Curriculum und das Material war für die Bedürfnisse von Kindern aus den Slums des Rom der Jahrhundertwende gedacht – vielleicht sollten die »Übungen im praktischen Leben«, obwohl sie dazu bestimmt waren, Kinder durch Disziplin zur Freiheit zu erziehen, auch einem anderen Zweck dienen. *Montessori* berichtet von Übungen, mit denen Kinder sich ohne Einmischung des Lehrers stundenlang beschäftigen konnten und die ihnen auch großen Spaß bereiteten. Psychologen wie *Piaget* haben auf ein typisches Merkmal des kindlichen Verhaltens aufmerksam gemacht, nämlich auf dessen Vorliebe, bestimmte Handlungen immer wieder in derselben Art auszuführen. *Piaget* beobachtete, daß ein Kind während seines ersten Lebensjahres bestimmte Tätigkeiten immer und immer wieder wiederholt, da es entdeckt hat, daß man dadurch einem interessanten Phänomen Dauer verleihen kann. Dreijährigen Kindern muß eine Aufgabe jedoch mehr bieten, wenn sie sich mit ihr längere Zeit beschäftigen wollen; vielleicht waren diese »Übungen« bei Kindern deshalb so beliebt, weil sie den Geist stimulieren. Durch Knotenmachen zum Beispiel kann das Kind wichtige topologische Erfahrungen erwerben und durch Eingießen von Flüssigkeiten in verschieden geformte Behälter feststellen, daß die Menge eines Stoffes trotz Formveränderung des Behälters erhalten bleibt. Das starke Interesse des Kindes wird in erster Linie nicht dadurch erweckt, daß es stolz ist auf seine Fähigkeit, einen Knopf alleine schließen zu können, sondern eher dadurch, daß seine geistige Neugier über die Frage, wie Knöpfe »funktionieren«, befriedigt wird.

Heute befaßt sich die Psychologie besonders mit den Problemen der intrinsischen Motivation, auf die *Montessori* bei ihren Untersuchungen unwissentlich stieß. Unsere Aufgabe besteht heute darin, nach Hilfsmitteln zu suchen, durch die die kindliche Neugier erweckt und seine Intelligenz entfaltet werden kann. Wir müssen uns auch fragen, ob es dazu auch andere bessere Wege als die »Übungen im praktischen Leben« gibt. Unsere Kenntnisse über die kognitive Entwicklung des Kindes sind heute bei weitem größer als zu *Montessoris* Zeiten, und dank Forschern wie *Piaget* sind wir dazu imstande, günstigere Möglichkeiten als die »Übungen« zu finden.

Ein positiver Aspekt des *Montessori*-Programms ist die Tatsache, daß es dem Kind Lern*motivationen* liefert. Das Kind kann sich in diesem Programm mit Dingen befassen, die reizvoll und lehrreich sind. Es kann beispielsweise Zylinder in einer Reihe aufstellen und dabei allmählich lernen, wie Gegenstände nach Größe oder Umfang oder nach beiden Kriterien geordnet werden können. *Montessori* beobachtete selbst einmal, wie ein Kind die Zylinder 44 mal aufstellte und wieder entfernte! Man muß diesen Eifer, durch Selbsttätigkeit zu lernen, bei der Vorbereitung von Vorschulprogrammen berücksichtigen. Durch diese »intrinsische Motivation«, wie *Hunt* diesen Eifer nannte, können Kinder lange an einer Aufgabe arbeiten, wenn sie davon zu profitieren vermögen; denn, wie *Montessori* gezeigt hat: etwas selbst herauszufinden ist lohnend und deshalb motivierend.

1.2.3. Anreicherungsprogramme

Durch Förderungsprogramme dieser Art soll das traditionelle Curriculum mit Aktivitäten zur Aufhebung von spezifischen kognitiven und affektiven Defiziten bei benachteiligten Kindern ergänzt werden. Leider gibt es für die meisten dieser Programme kaum Informationen über ihre Wirkungen; auch dort, wo Datenmaterial vorliegt, ist die Art der Förderung nicht ausreichend dargestellt, um für andere von Nutzen zu sein.

Eine Ausnahme bildet hier das Förderungsprogramm von *Deutsch und anderen* am *Institut für Developmentol Studies* in New York City (1967).

In den gerade laufenden Forschungs- und Demonstrationsprogrammen des Instituts werden die Versuchspersonen mit einem Förderungsprogramm konfrontiert, das zwei Jahre vor Schuleintritt beginnt und bis einschließlich drittes Schuljahr andauert. Die meisten der untersuchten Kinder sind Neger und stammen alle aus dem sozio-ökonomischen Milieu von Harlem.

Die Förderklassen bieten neben der traditionellen Ausrüstung, wie Haushalts-, Bau-, Kunst- und Buchzentren, eine Anzahl von Möglichkeiten zum Selbstunterricht. Eines dieser Zentren, das *Hörzentrum* (Listening Center), kann sechs Kinder zur gleichen Zeit aufnehmen; jedes Kind hört mit seinem eigenen Kopfhörer Tonbandaufnahmen, zunächst mit der Stimme des Lehrers, und danach mit einer Anzahl fremder Stimmen und Sprachstile, die dem heimischen Milieu fremd sind. Teilweise brauchen die Kinder nur zuzuhören, teilweise werden sie auch zu motorischen oder verbalen Reaktionen herausgefordert; durch jede dieser beiden Methoden werden bestimmte Lernfähigkeiten des Kindes gefördert. Es gibt auch einen *Sprachlehrer* (Language Master), ein zweispuriges Band, das einmal die Stimme des Lehrers als Norm aufzeichnet und sodann die des Kindes, das die beiden Stimmen dann auch vergleichen kann; gleichzeitig kann das Kind auch einen optischen Stimulus erfahren. Zur Förderung der optischen Unterscheidungsfähigkeit wird zusätzliches Material herangezogen, beispielsweise eine Alphabettafel, auf der die einzelnen Buchstabenformen ausgespart sind, so daß die passenden Buchstaben eingesetzt werden können. Eine sprechende Schreibmaschine *(The Edison Resposive Environment Instrument)* dient auch dazu, dem Kind das Lesen beizubringen. Bei all diesen Materialien wird darauf geachtet, daß die Stimuli sequentiert dargeboten werden.

Dieses experimentelle Curriculum ist ein »therapeutisches Curriculum«. Sprachtraining erfolgt hier nicht in einzelnen, getrennten Zeitabschnitten; vielmehr dienen alle Tätigkeiten in der Klasse dazu, das Kind mit geeigneten Sprachmustern zu konfrontieren und Sorge dafür zu tragen, daß es lernt, durch Sprache sich mit sich selbst auseinanderzusetzen und sich anderen mitzuteilen. Begriffe wie Größe, Form, Farbe, Zahl, Raum, Zeit und Temperatur nimmt es allmählich in seinen Wortschatz auf, wenn es sich mit Dingen beschäftigt, die mit diesen Begriffen zu tun haben.

In der Musikstunde lernt es zum Beispiel durch bestimmte Lieder, gewissen Anleitungen zu folgen (»Strecke den Finger in die Höhe«) und verschiedene Farben zu unterscheiden. Im allgemeinen durchläuft hier der Lernprozeß drei Stadien. Das erste ist das sensomotorische Stadium, in dem das Kind Kontakt mit konkreten Gegenständen aufnimmt; im zweiten Stadium wird die Wahrnehmungsfähigkeit durch verschiedene Stimuli (Farben, Formen, Geräusche, usw.) entwickelt, und im dritten, dem vorstellungsmäßig-repräsentativen Stadium, lernt das Kind, sich fast ohne konkrete und wahrnehmungsfähige Unterstützung mit Dingen und Gedanken auseinanderzusetzen.

Die Auswertungsverfahren enthielten drei standardisierte Tests: *Stanford-Binet, Peabody-Picture-Vocabulary-Test* und *Columbia Mental Maturity Scale.* Diese standardisierten Tests wurden mit den ersten Experimental- und Kontrollgruppen zu Beginn des Projekts und gegen Ende des ersten Versuchsjahrs durchgeführt. Die Resultate der CMMS sind nicht beweiskräftig. Die Intelligenztestwerte des Stanford-Binet-Tests wiesen am Anfang des Projekts keine wesentlichen Unterschiede zwischen beiden Gruppen auf, deren IQ sich beide Male auf 99 Punkte belief. Es ergaben sich jedoch signifikante Unterschiede auf dem .01 Niveau nach einem Jahr. Nach einem Jahr belief sich nämlich der IQ der Experimentalgruppen in den Kindergärten auf 102 Punkte, während für die Kontrollgruppen nur 93 Punkte verzeichnet werden konnten. Diese Tests wurden während des ersten Kindergartenjahres wiederholt und ergaben fast 104 Punkte für die Experimentalgruppe, während die Werte der Kontrollgruppen auf 92 Punkte gesunken waren.

Bei einer zweiten Testgruppe wurden im wesentlichen die gleichen Ergebnisse erzielt; die Kinder, die in dieses Förderungsprogramm aufgenommen worden waren, konnten ihre Leistungsfähigkeit erhalten oder sogar erhöhen, während diejenigen, die im Verarmungsmilieu belassen wurden, vermindert leistungsfähig waren. Dieser Leistungsrückgang bei so kleinen Kindern ist nicht relevant, er *wird* es aber nach einem weiteren Jahr; denn die Kinder, die ohne vorherige Förderung in die erste Klasse der öffentlichen Grundschulen eintreten, schneiden wesentlich schlechter ab als die Kontrollgruppen mit Kindergartenerfahrung. Dies ist ein weiterer Beweis dafür, daß der IQ eines Kindes um so niedriger wird, je länger es in einem nachteiligen Milieu aufwächst (kummulativer Effekt).

Auch die Ergebnisse des Peabody Vocabulary Test fielen zugunsten des Förderungsprogrammes aus. Nach einem Förderungsjahr im Vorschulkindergarten war der durchschnittliche Testwert der Experimentalgruppe signifikant höher als der der Kontrollgruppe (44.9 zu 37.9). Nach einem Jahr war das Verhältnis 52.8 zu 48.2, eine Diskrepanz, die auf dem .05 Niveau signifikant ist.

Durch ein Förderungsprogramm, zumindestens durch eines im Sinne von *Deutsch*, erhöht sich der IQ, und dieser Effekt bleibt mindestens einige Jahre hindurch erhalten. Es ist auch bemerkenswert, daß dieser Gewinn gerade dann verzeichnet wird, wenn Kinder, die ohne Förderung oder nur mit konventionellen Kindergärten auskommen müssen, allmählich den Boden unter den Füßen verlieren. Man kann nicht genau angeben, in welchem Verhältnis die geistige Reife des Kindes zu seinem Alter wächst, aber wenn man davon ausgeht, daß der Nachtest im *Deutsch*-Projekt neun Monate nach dessen Beginn durchgeführt wurde, so kann man schließen, daß die Kinder während dieser Zeit eine geistige Entwicklung durchmachten, die normalerweise in 13 Monaten erfolgt wäre. Nimmt man weiter an, daß das Kind weiterhin so schnelle Fortschritte machte, so müßte es in etwa zwei Jahren eine geistige Entwicklung durchlaufen, die sonst in drei Jahren erfolgt wäre. Sicherlich verlangsamt sich dieser Fortschritt nach einiger Zeit, und deshalb besteht die wesentliche Frage darin, wie man diesen beschleunigten Entwicklungsgang lange genug aufrechterhalten kann.

Will man nach diesem Förderungsprogramm vorgehen, so muß man eine weitere Schwierigkeit beachten. Bei einem Programm, das zahlreiche Förderungselemente enthält, kann man nicht mit Sicherheit angeben, welche dieser Elemente die größte und welche die kleinste Rolle spielen. Soll sich das kulturell benachteiligte Kind geistig bis zu einem höchstmöglichen Grad entwickeln können, so müssen die Umweltfaktoren, die auf diese Entwicklung positiv einwirken, herausgegriffen und genau bestimmt werden. Im folgenden sollen einige Experimente beschrieben werden, in denen die Stimuli genau definiert worden sind.

1.2.4. Schulorientierte Vorschulen

Die nächste ernsthafte Herausforderung an die herrschende Meinung in bezug auf die Früherziehung erfolgte durch Erziehungspsychologen, die am Prozeß der kognitiven Entwicklung (wie das Kind Wissen erwirbt) interessiert waren und feststellen wollten, wie man den Erwerb von Schulfertigkeiten beschleunigen könne. *O. K. Moore* (1968) experimentierte erfolgreich mit der »sprechenden Schreibmaschine«, um herauszufinden, ob zweijährige Kinder Grundqualifikationen für das Lesenlernen erwerben können. *Fowler* (1962) berichtet von seinen Versuchen mit Kindern unter zwei Jahren, die anhand des Alphabets und einzelner alphabetischer Laute schneller lesen lernen sollten. *Bereiter und Engelmann* (1966) leiten eine Schule für vierjährige benachteiligte Kinder im Stil eines Gymnasiums, wo die Kinder von einer Klasse zur anderen ziehen, um formalen Unterricht in Rechnen und Sprache zu erhalten und Lesevorübungen zu machen. Eine Anzahl neuer Unterrichtsprogramme entstand, die alle demonstrieren wollten, daß das kleine Kind schon vor Eintritt in die Grundschule schulische Fähigkeiten erwerben konnte und sollte.

Die vorherrschende Meinung über die Erziehung in der frühen Kindheit wird auch von einer anderen Seite her angegriffen. Die Mehrzahl der Befürworter schulorientierter Vorschulen ist gegen die »Entwicklungspäpste«, die sich lange für die Erziehung des *ganzen Kindes* eingesetzt hatten. Autoren wie *Bereiter und Engelmann* werfen diesen Weichheit und Sentimentalität vor und kritisieren ihre Theorien, die auf veralteten Freudschen Vorstellungen einer geistigen Hygiene beruhen; weiter warf man diesen vor, dem Kind bewußt eine adäquate Vorschulerziehung vorenthalten zu haben. Die Befürworter der Entwicklung des *ganzen Kindes* machten ihrerseits den Erziehungspsychologen den Vorwurf, ihre Position mißdeutet zu haben; sie fanden es wiederum falsch, ein Curriculum, das zu wenig erprobt und zu hastig entworfen war, vorzuschlagen und dabei mögliche negative Folgen wie zu starke Anpassung, Rigidität des Denkens und Unterdrückung von schöpferischen Anlagen unberücksichtigt zu lassen.

Die Situation wurde zusätzlich durch die Tatsache erschwert, daß man sich in Amerika zunehmend für die benachteiligten[1] Bevölkerungsschichten interessierte und allmählich erkannte, daß für die schulischen Fehlleistungen hauptsächlich die negativen Umweltbedingungen in der frühen Kindheit verantwortlich sind. Oft wachsen solche Kinder in Häusern auf, in denen Dinge wie Bleistifte, Farbstifte, Bücher, Bilder oder Spielzeug nicht existieren. Es gibt für diese Kinder in der Tat nur wenige Dinge, die sie sich anschauen, greifen oder mit denen sie spielen können; so können sie sich auch keine Vorstellungen von Raum, Materie und Kausalzusammenhängen bilden, die maßgeblich für die Entfaltung der Intelligenz sind. Kommen noch sprachliche Schwierigkeiten hinzu, wenn das Kind zu sprechen anfängt, so wird es ihm später kaum möglich sein, den Schulstoff zu begreifen und zu bewältigen.

Neben den Kontroversen darüber, wie Vorschulerziehung für Mit-

[1] Ich möchte hier kurz auf den Begriff »benachteiligt« eingehen und beschreiben, wer zu den »Benachteiligten« gehört. Diese brauchen nicht Neger, Puertorikaner, Indianer oder Mexikaner zu sein; bei all diesen ethnischen Gruppen oder in Gebieten wie Appalachien gibt es Kinder aus mittleren oder höheren Gesellschaftsschichten, die beim Schulantritt den anderen Kindern bildungsmäßig nicht nachstehen; bei manchen Arbeiterkindern ist dies der Fall. Auch wenn diese Arbeiterkinder aus ordentlichen Familien mit gesichertem Einkommen stammen, ist der Bildungsstand beider Eltern niedrig; folglich wird durch eine geringe intellektuelle Stimulierung die geistige Entwicklung des Kindes beeinträchtigt. Man kann deshalb mit Sicherheit annehmen, daß *alle* Kinder aus den untersten Gesellschaftsschichten und da besonders diejenigen, die in ungeordneten Familienverhältnissen aufwachsen, kulturell und bildungsmäßig benachteiligt sind.

telschichtkinder beschaffen sein sollte, gibt es noch schärfere Gegensätze in bezug auf gute kompensatorische Programme. Die Erziehungspsychologen vertreten hierbei den Standpunkt, daß ein Curriculum mit Schwerpunkt auf der Entwicklung schulischer Fähigkeiten des Kindes an die Stelle des traditionellen Vorschulprogramms gesetzt werden sollte; dieses kompensatorische Programm sollte auf der Grundlage einer Analyse der Bedürfnisse der Kinder geschaffen werden. Ein kompensatorisches Sprachprogramm etwa würde nicht bei der Sprache, die das Kind bereits besitzt, beginnen, da diese vollkommen ungeeignet für klares, logisches Denken ist; das Kind müßte eine sozusagen völlig neue Sprache, sozusagen eine Fremdsprache, erlernen. Die neuen Satzmuster erlauben den Ausdruck von logischen Beziehungen wie »größer als«, »der dunkelste«, »in der Schachtel«, »nach eins kommt zwei«, und würden mechanisch gelernt, wobei das Kind auf geeignete Fragen des Lehrers reagiert.

1.3. Der Umschwung

Mit der Zeit konnten die Erziehungspsychologen selbst ihren Standpunkt nicht mehr so überzeugt vertreten, und, wie das oft geschieht, wenn sich eine Ansicht zum genauen Gegenteil der herrschenden Lehre entwickelt, da begann das Pendel zurückzuschwingen. Die Befürworter der schulischen Fähigkeiten des Vorschulkindes dachten nun darüber nach, ob es nicht vielleicht richtig sei, Kindern *keine* Geschichten vorzulesen und sie *nicht* anzuregen, Bücher zu benützen. Man erkannte, daß Materialien wie Holzblöcke, die vorher nicht ernst genommen worden waren, zur kognitiven Entwicklung wesentlich beitragen konnten; Experimente hatten gezeigt, daß Kategorien wie breit, klein, viereckig und rechteckig Kindern dadurch einsichtig gemacht werden konnten, daß sie verschieden geformte Klötze nach Gebrauch in die entsprechenden Regale zurückstellten. Farben und andere kreative Medien fanden ihren Weg zurück in die Klassenräume, als die Wissenschaftler erkannten, daß diese Elemente der schöpferischen Ausdrucksfähigkeit des Kindes breiten Raum gewährten.

In ähnlicher Weise dachten viele, die zuvor ein verhältnismäßig unstrukturiertes Curriculum befürwortet hatten, das kognitives Lernen in Spiel, Musik und andere Vorschulaktivitäten einbettete, darüber nach, ob solch ein Programm sich auf die Entwicklung von benachteiligten Kindern sehr günstig auswirken würde.

Um dem Kind die Möglichkeit zu geben, kompensatorische Erfahrungen zu machen und damit milieugeschädigten Kindern zu helfen, sollte wenigstens ein Teil des Vorschultages strukturiert sein. Gleichzeitig tauchten Zweifel daran auf, ob das traditionelle Unterrichtsprogramm Mittelschichtkindern angemessen sei; denn in der amerikanischen Wohlstandsgesellschaft hat das Kind Gelegenheit, schon in der Familie und nicht erst in der Vorschule zahlreiche Tätigkeiten auszuführen, verschiedene Spielausrüstungen kennenzulernen und viele Lernerfahrungen zu machen. Nun erhebt sich die Frage, wie man Vorschulerziehung gestalten müsse, um Mittelschichtskinder mit stimulierenden Aktivitäten zu konfrontieren, die ihnen nicht schon ohnehin zur Verfügung stehen.

Man erkennt allmählich auch, daß der kognitive Wert des Spiels noch nicht ausreichend erforscht worden ist. Sicherlich liefern die zahlreichen Spielaktivitäten in den Kinderstätten und Kindergärten *Gelegenheit* für kognitives Wachstum, wie sich beobachten läßt. Ein vierjähriges Kind zum Beispiel, das im Kindergarten mit Holzblöcken spielt, nimmt den größten aus einer Reihe von Klötzen, die in einem Regal aufgereiht sind, heraus und stellt ihn am Boden auf; dann sucht es nach vier kleinen Blöcken, die es auch bald findet, und stapelt sie aufeinander, um einen Turm zu bauen, der genauso hoch wie der erste große Holzblock ist. Das Prinzip, nach dem das Kind hier vorgeht, ist die Wiederholung von festen Einheiten, das wesentlichste Element beim Messen, bei dem wir einen einheitlichen Maßstab so oft wie nötig anwenden. Dabei muß sich das Kind auch klarmachen, daß die Ganzheit, von der es ausging, aus einer Anzahl von kleineren Bestandteilen zusammengesetzt ist. Solche Begriffe sind die Voraussetzung für mathematisches Verständnis und eine solidere Grundlage für elementares Rechnen, als Fragen wie »was folgt auf eins«, worauf vierjährige Kinder antworten müssen: »auf eins folgt zwei«.

1.3.1. Die britische Infant School

Die britische Infant School ist zur Zeit diejenige Institution diesseits des Atlantiks, die die Bedeutung des Spiels anerkennt. Die Infant Schools sind staatliche Schulen für Kinder von fünf bis sieben oder acht Jahren. Charakteristisch für die Klassen der Infant Schools, die je vierzig Kinder aufnehmen, sind die informellen Methoden; die Kinder beschäftigen sich in kleinen Gruppen, und die Älteren unterrichten die Jüngeren. Das Lernen kann hier individuell gestaltet werden. Die Klassenräume sind mit den verschiedensten Materialien ausgerüstet, mit denen die Kinder sich befassen und sich dadurch Grundwissen aneignen können. Man erwartet zum Beispiel in der Mathematik von siebenjährigen Kindern Fähigkeiten wie Klassifikation von Gegenständen, Kennen der Zahlenreihe, Erfindung eigener oder Anwendung fester Maßstäbe und Verständnis von Begriffen wie Addition, Substraktion,

Multiplikation und Division und Auseinandersetzung mit Formen, Größen und Proportionen. Die Kinder erwerben mit Hilfe dieser Methoden ein Grundwissen; ein amerikanischer Beobachter äußert sich zu diesem Aspekt mit folgenden Worten: »Was die Kinder wissen, wissen sie ganz genau; sie haben Zeit, ein Wissen von den grundlegendsten Dingen, an die in amerikanischen Schulen nicht einmal gedacht wird, zu erwerben. Britische Lehrer der Unterstufe an Grundschulen sind manchmal zutiefst erstaunt darüber, daß Kinder, die erfolgreich Rechenaufgaben aus Übungsbüchern lösen können, sich keinerlei Vorstellungen über etwa die *Zahlerhaltung* machen können« *(Featherstone,* 1968, S. 11).

Auch auf naturwissenschaftlichem Gebiet kann sich das Kind rasch Grundwissen aneignen. Auch hier werden Kindern mit Vorliebe solche Materialien zur Verfügung gestellt, die ihnen die Möglichkeit geben, sie auf verschiedene Art und Weise zu gebrauchen. Mit Hilfe von Behältern unterschiedlicher Größe und Form erkennen Kinder, wenn sie Wasser oder Sand von einem Behälter in den anderen befördern, daß die Menge eines Stoffes unabhängig von der veränderten Form des Gefäßes erhalten bleibt. In jedem Klassenraum gibt es Pflanzen und Haustiere, um Kinder zu sorgfältigen Operationen und zum Experimentieren anzuregen. Die Kinder können zum Beispiel die Geschwindigkeit, mit der eine Schildkröte sich durch den Raum bewegt, messen und sehen, auf welche Art und Weise sie sich vorwärtsbewegt.

Lese- und Schreibfertigkeit gehen Hand in Hand; und obwohl die Kinder keinen formalen Unterricht in diesen Fächern erhalten, machen sie in den zwei oder drei Jahren, die sie in der Infant School verbringen, erstaunliche Fortschritte. Im Klassenraum sind auch Bücher im Überfluß vorhanden und die Kinder verbringen geraume Zeit in der Bücherecke, bevor sie zu lesen anfangen. Wahrscheinlich »schnappen« sie das Lesen in der Zeit auf, in der sie sich in der Bibliothek aufhalten, Bilderbücher anschauen und versuchen, Wörter, die sie kennen, zu finden, und aufmerksam lauschen, wenn andere Kinder dem Lehrer etwas vorlesen, oder wenn sie Klassenkameraden nach Wörtern fragen, die sie wissen wollen. Die Lehrerin, die mit einem Kind oder mit einer kleinen Gruppe von Kindern arbeitet, wendet verschiedene Methoden wie ganzheitliches Lesen, lautieren oder andere Mittel an, die bei Kindern gut ankommen.

In diesen Schulen wird das Lesen und das Schreiben gleichzeitig unterrichtet; das Kind erhält sofort bei Schulbeginn einen breiten, unlinierten Schreibblock, in den es alles, was es mag, eintragen kann. Es kann ein Bild zeichnen und der Lehrerin davon erzählen, die ein Wort oder einen Satz von dem, was es sagt, aufschreibt und das Kind auffordert, direkt unter der Aufzeichnung das Gleiche nachzuschreiben.

Auf diese Weise lernt das Kind das Bild und den Klang seiner ausgesprochenen Wörter kennen und trägt diese Wörter und Sätze beim Lernen allmählich in sein eigenes, privates Lexikon ein. Es lernt allmählich Genauigkeit, Sorgfalt, Interpunktion und Grammatik als Wege zu einer besseren sprachlichen Ausdrucksfähigkeit kennen.

Die Kunsterziehung, in der die Kinder mit künstlerischem Material arbeiten können, sind neben dramatischem Spiel und Musik, die auch in amerikanischen Vorschulen eine Rolle spielen, wichtiger Bestandteil des Schulprogramms. Klassenräume, Hallen und Spielplätze, die alle den Kindern frei zur Verfügung stehen, sind mit Haushaltsecken, hübschen Kleidern, Sandkästen, Hobelbänken und ähnlichen Dingen, die auch in unseren Kindergärten vorhanden sind, ausgestattet.

Die britischen Infant Schools unterscheiden sich von unseren Kindergärten und ersten Klassen der Grundschule durch ihre ungezwungene Atmosphäre. Es gibt keine feste Sitzordnung in der Klasse; es werden vielmehr Zentren für Mathematik, Naturwissenschaften, Lesen, Schreiben, Theaterspielen und andere Aktivitätsformen aufgebaut. Nach einer kurzen Organisationsperiode, in der die Lehrerin die verschiedenen Aktivitäten, die sich anbieten, aufzählt, begeben sich kleine Gruppen von Kindern zu den verschiedenen Zentren und genießen dabei völlige Bewegungs- und Sprechfreiheit. Die Kinder können den Schultag völlig frei nach ihren Vorstellungen gestalten; die Aufgabe der Lehrerin besteht darin, zu den einzelnen Kindern oder Gruppen zu gehen und zu ermutigen, anzuregen, zu diskutieren, zu helfen und anzuspornen. Nicht alle Schulen befürworten diese völlige Freiheit; manche Lehrer, besonders die, die vom formalen, trockenen Unterricht kommen, legen einen freien Zeitabschnitt fest und dehnen ihn allmählich aus, wenn sie merken, daß die Kinder mit diesen neuen Methoden gut lernen können.

Inwiefern unterscheiden sich nun diese Schulen von unseren eigenen kindzentrierten Kindergärten? Der Unterschied liegt wohl darin, daß es hier viele verschiedene Aktivitätszentren gibt und daß die Kinder völlige Betätigungsfreiheit haben. Unsere Kindergärten dienen sicherlich einer jüngeren Altersstufe, vor allem drei-, vier- und fünfjährigen Kindern und nur selten fünf- und sechsjährigen Kindern wie in den englischen Infant Schools. Aber vergleicht man fünfjährige Kinder aus beiden Schultypen miteinander, so werden bestimmte Unterschiede deutlich.

In England sind fünfjährige Kinder in Kontakt mit Gleichaltrigen, sowie auch mit Sechs- und Siebenjährigen, während in unseren Vorschulen die Kinder nach Altersstufen aufgeteilt sind. In der sogenannten »Familien«- oder vertikalen Gruppierung haben kleinere Kinder reichlich Gelegenheit, von älteren zu lernen, und auch umgekehrt lernen

Ältere von Jüngeren. Dazu kommt, daß die Struktur und die Auswahl der Aktivitäten der englischen Schulen eher geeignet sind, Kindern mathematisches und naturwissenschaftliches Wissen zu vermitteln und ihnen das Lesen- und Schreibenlernen zu erleichtern. Darüber hinaus sind die mathematischen und naturwissenschaftlichen Curricula in sich selbst schon strukturiert. Der Mathematikunterricht zum Beispiel enthält Themen wie Geschwindigkeit, Gewichts- und Maßeinheiten, Fläche und Volumen. Die Lehrerin kann Kärtchen, auf denen Angaben angegeben sind, verwenden und etwa fragen: »Wie viele Eicheln halten einen Kieselstein im Gleichgewicht?« oder »Wieviele Schrauben halten neun Bohnen im Gleichgewicht?«. Manche Aufgaben müssen individuell bearbeitet werden, während andere durch das Zusammenwirken einer Gruppe von Kindern gelöst werden können.

Im allgemeinen wird dem kognitiven Lernen mehr Bedeutung beigemessen und den Kindern mehr Material zur Verfügung gestellt, das kognitive Lernprozesse begünstigt, als in unseren progressiven Vorschulen für Fünfjährige. Die theoretische Grundlage der englischen Infant School geht im großen und ganzen auf *Piaget* zurück; man ist der Meinung, daß »etwas Sagen« und »Unterrichten« nicht das gleiche sei und daß die Verwendung von guten, nicht auf einen bestimmten Zweck festgelegten Materialien zur Entfaltung der Intelligenz und des Grundwissens beiträgt.

Die revolutionären englischen Methoden bieten amerikanischen Lehrern zahlreiche interessante und wichtige Anregungen. Obwohl jeder Lehrer unterschiedlich kompetent und erfolgreich in diesen neuen Methoden ist, demonstrieren diese Methoden, daß die Kinder sehr wohl in der Lage sind, komplizierte Probleme zu lösen und Grundwissen zu erwerben, wenn die Schule das individuelle Lernen fördert. Standardisierte Tests zeigen, daß die Kinder, die formalen Unterricht erhalten, in ihren Leistungen etwas besser sind, als diejenigen, die durch die ungezwungene Methode lernen, und dies vor allem im Rechnen. Aber die standardisierten Prüfungen testen die Rechenfähigkeiten, die Kinder im formalen Unterricht erwerben. Die grundlegenden mathematischen Kenntnisse, die Kinder durch informellen Unterricht erwerben, werden jedoch nicht getestet. Vielleicht werden neuere Testverfahren, die vom *Educational Testing Service* entwickelt wurden, das Wachstum des Grundwissens, das durch neuere Methoden begünstigt wird, besser erfassen können.

Ein grundsätzlicher Unterschied zwischen unseren kindzentrierten Schulen und den englischen Infant Schools liegt darin, daß im englischen System das Spiel viel bewußter für das kognitive Wachstum eingesetzt wird als bei uns. Die meisten Erziehungspraktiker haben erkannt, daß die *Gelegenheiten* zum kognitiven Wachstum in den Spielaktivitäten verborgen sind, aber nicht *von allen Kindern* erkannt und genützt werden. Manche Kinder spielen mit Holzblöcken und machen keine mathematischen Entdeckungen. Andere spielen in der Puppenstube und machen keine Entdeckungen bezüglich der Klassifikation. Manche Kinder nehmen mehr Information auf als andere und erwerben schneller Wissen. Die Schwierigkeit beruht hier zum Teil darauf, daß der Lehrer durch mangelnde Schulung den kognitiven Wert des Spiels nicht genügend honoriert und deshalb auch nicht den größten Nutzen aus ihm ziehen kann.

Eine mögliche Lösung in der Frage der Früherziehung, die auch schon starke Befürworter hat, könnte erzielt werden, wenn die besten Aspekte aus den zwei verschiedenen Systemen herausgegriffen und miteinander kombiniert werden könnten; d. h. ein Teil des Schultages (oder die Hälfte des Tages) sollte strukturierten und direkten Lernaktivitäten und der Rest relativ freien Tätigkeiten gewidmet werden. Direkte Lernaktivtiäten werden in kleinen Gruppen ausgeführt, bei denen eine Lehrerin oder eine Hilfskraft mit einer Gruppe von fünf oder sechs Kindern kurze Zeit spielt. Die Denkkonzepte, die die Kinder während dieser strukturierten Lernabschnitte erwerben, prägen sich in der freien Spielzeit um so stärker ein, wenn die Lehrerin die Kinder auf bestimmte Phänomene aufmerksam macht, die ihnen sonst nicht aufgefallen wären. Die Lehrerin ist sich jetzt der kognitiven Bedeutung des Spiels bewußt, da sie durch die strukturierten Lernabschnitte einen Einblick in das kognitive Wachstum gewonnen hat. Sie kann zum Beispiel anhand der Haushaltsecke Kindern das Klassifizieren beizubringen versuchen, da sie weiß, womit die Klassifikation zusammenhängt und welcher Art die diesbezüglichen Fehlvorstellungen der Kinder sein können.

Aber auf welcher theoretischen Grundlage sollte die Auswahl der Aktivitäten im kognitiven Bereich erfolgen? Ein kluges Auswahlverfahren muß theoretisch untermauert sein, sonst könnten die strukturierten Aktivitäten in bloße Geschäftigkeit ausarten.

Die beste Theorie über die Entwicklung der Intelligenz, die uns heute zur Verfügung steht, hat *Piaget* geliefert. *Jean Piaget* ist ein Schweizer Psychologe, der seit mehr als vierzig Jahren die Entwicklung der kindlichen Intelligenz von der Geburt bis zur Adoleszenz verfolgt. Seine Schriften haben uns einen ungeheuer großen Einblick in die Denkprozesse des Kindes gewährt. Auf der Grundlage von *Piagets* Erkenntnissen kann der Vorschullehrer die Entwicklung von Denkkonzepten bei Kindern nachvollziehen und auf Grund seiner Theorie kann ein geeignetes Curriculum für die Früherziehung geschaffen werden. Das zweite Kapitel soll die wesentlichsten Aspekte von *Piagets* Theorie darlegen und die Anwendungsmöglichkeiten seiner Philosophie auf ein Vorschulcurriculum zeigen.

2. Piagets Entwicklungstheorie und das Vorschulcurriculum

Piagets Theorie ist eine Entwicklungstheorie. Denkprozesse wandeln sich während der Kindheit, und das Denken eines vierjährigen Kindes ist *qualitativ* sehr verschieden von dem eines Vierzehnjährigen; das ältere Kind *weiß* nicht nur mehr, es wendet sein Wissen auch auf andere Dinge an. *Piaget* beschreibt die Veränderungen des Denkvermögens auf altersbezogenen Stufen. Auf der Grundlage seiner Theorie können wir die Denkprozesse von Kindern innerhalb einer gewissen Altersstufe voraussagen. Es gibt natürlich Unterschiede in der Denkreife; manche Kinder sind dank Vererbung oder Erfahrungen fortgeschrittener als andere, aber gemäß *Piaget* durchläuft das Denken eines jeden Kindes dieselben Entwicklungsstadien, und dies im allgemeinen auf ähnlichen Altersstufen.

2.1. Entwicklungsstadien in Piagets Theorie

Die Ursprünge der Intelligenz sind nach *Piaget* auf der *sensomotorischen Stufe* zu finden, die mit der Geburt ansetzt *(Piaget,* 1952). Das Kind kommt mit zwei verschiedenen Reflexarten auf die Welt; die eine, wie das Beugen des Knies, wird durch Erfahrung nicht verändert, während die andere, wie etwa das Greifen oder das Saugen, modifiziert wird, wenn das Kind sie übt. Der Säugling paßt zum Beispiel den Greifreflex der Form des Gegenstandes, der gegriffen werden soll, an und krümmt die Finger auf eine bestimmte Art, um einen langen, schmalen Gegenstand, und auf eine andere Art, um einen Gummiring anzufassen. Später werden Schauen und Greifen miteinander koordiniert; der Säugling kann jetzt die Hand ausstrecken und nach dem Gegenstand, den er sieht, greifen. Jede neue Erfahrung bringt das Bedürfnis mit sich, sie zu wiederholen; Aktivität bringt neue Aktivität hervor. Die Veränderung erfolgt durch Assimilations- und Akkomodationsprozesse. Der Säugling, der nunmehr mit seinem sensomotorischen System auf die physische Welt einzuwirken beginnt, macht sich allmählich Vorstellungen über Gegenstände, Raum, Zeit und Kausalzusammenhänge. Fragt man ein zehn Monate altes Baby, wo Mutti ist, so schaut es zur Tür, durch die Mutti gerade verschwunden ist; es »denkt« mit seinem sensomotorischen System über Zeit und Dinge nach; Mutti war da, ist es aber nicht mehr, trotzdem existiert sie noch; Dinge sind also von Dauer und hören nicht auf zu existieren, auch wenn sie außer Sicht sind.

Während der sensomotorischen Periode legt der Säugling den Grundstein für späteres repräsentatives (vorstellendes) Denken. Es werden Strukturen entwickelt, die für Denkprozesse auf einer späteren Entwicklungsstufe wesentlich sind. Erwachsene können diejenigen grundlegenden Strukturen des sensomotorischen Systems am einfachsten erkennen, die mit der Raumorientierung zu tun haben. Jemand, der einem Autofahrer den Weg erklären möchte, wird seinen Körper drehen und seine Hände ausstrecken, während er mit seinem motorischen System darüber »nachdenkt«, welche Richtung er dem Fahrer angeben soll. Dank eines Denkplanes braucht das Denken nicht motorisch begleitet zu werden, da es jetzt repräsentativ geworden ist. Aber die Strukturen, die dem Kind räumliche Vorstellungsfähigkeit verleihen, entstehen im sensomotorischen Stadium (vgl. Tab. 1).

Allmählich werden die Tätigkeiten internalisiert; das Kind kann sich jetzt in Denkprozessen das, was zunächst auf dem sensomotorischen Stadium entwickelt wurde, vorstellen. Dieses zweite Stadium setzt mit achtzehn Monaten ein und endet etwa mit dem siebten Lebensjahr. Es wird das *prä-operationale* Stadium genannt, da logische Operationen noch nicht auftreten. Am Anfang dieses Stadiums (vom 18. Monat bis zu 4 Jahren) geht die Sprachentwicklung verblüffend schnell vor sich; auch werden Denken und Sprache miteinander verknüpft; das Kind, das zunächst nur in Bildern dachte, denkt jetzt in Worten. Es kann seine Gedanken in Worte kleiden und die Mitteilungen anderer verstehen.

Wir wissen nicht sehr viel über die Frühphase dieses Stadiums, da keine systematischen Studien darüber vorliegen, aber *Piaget* hat uns einen großen Einblick in den Entwicklungsprozeß des Kindes vom vierten Lebensjahr an verschafft. Er und seine Kollegen in Genf wenden die *klinische Methode,* wie sie dieselbe nennen, an, um die Entwicklung des Kindes zu verfolgen. Der Prüfer gibt dem Kind eine von zahlreichen Denkaufgaben, die in Genf ausgearbeitet wurden, um zu sehen, wie sich geistige Prozesse, die für das logische Denken wesentlich sind, entwickeln. Deshalb wird das Kind nicht nur aufgefordert, eine Aufgabe zu lösen, sondern auch, zu erklären, wie und warum es so vorgeht; dabei wird nicht wie bei einem Interview verfahren, bei dem die Fragen schon im voraus ausgearbeitet worden sind. Die aufeinanderfolgenden Fragen müssen vielmehr mit Rücksicht auf die bereits gemachten Äußerungen des Kindes formuliert werden, genauso wie jedes andere klinische Interview auch verfahren würde. Durch eine Analyse der Reaktionen kann man den typischen Entwicklungsgang von Kindern auf jeder Stufe bestimmen. Das Kind im prä-operationalen Stadium zum Beispiel (vor dem Auftreten logischer Operationen), wird wahrscheinlich glauben, daß das Gewicht eines Gegenstandes von seiner Form abhängt.

*Tabelle 1: Einige Aspekte der kognitiven Entwicklung von 0 bis Jahre**

	Sensomotorische Intelligenz	Objekt	Spiel: mehr Assimilation als Akkomodation	Imitation: mehr Akkomodation als Assimilation
Stadium I (0-1 Monat)	Geburts-Reflexe: a) Saugen b) Greifen c) Augenbewegungen Es können schon drei Formen der Assimilation beobachtet werden: *Funktionale* Assimilation: funktionale Übung, Wiederholung *Wiedererkennende* Assimilation: Unterscheiden von Situationen *Verallgemeinernde* Assimilation: Ausdehnen der Reflexe auf neue Objekte.	Kein dauerhaftes Objekt. Objekte vom Prozeß der Assimilation nicht unterschieden.	»Leere« Akkomodationen lösen freie Saugbewegungen aus: funktionales Spiel.	Säugling wird zum Schreien-Weinen stimuliert, wenn er andere Säuglinge schreien hört.
Stadium II (1-4 Monate)	Erste erworbene Anpassungsfähigkeiten und primäre Zirkulärreaktionen Bildung von ersten Gewohnheiten.	Kein dauerhaftes Objekt. Objekte vom Prozeß ihrer Assimilation nicht unterschieden.	Primäre Zirkulärreaktionen ausgeführt aus reinem Vergnügen	Imitation nur dann, wenn das Modell Kind *imitiert.* Die Aktionen des Modells werden von Kind als eigene Aktionen behandelt.

* Aus einer Zusammenfassung von *Marianne Denis-Prinzhorn*

	Sensomotorische Intelligenz	Objekt	Spiel: mehr Assimilation als Akkomodation	Imitation: mehr Akkomodation als Assimilation
Stadium III (4-8) Monate	Sekundäre Zirkulärreaktionen und Verfahren, interessanten Dingen Dauer zu verleihen. Koordination von Sehen und Greifen. Interesse an neuen Dingen zentriert auf deren Verwendbarkeit und nicht auf die Gegenstände als solche	Das Objekt ist immer noch eine bloße Ausweitung der Handlung des Kindes: a) Vorwegnahme von Bewegungen. b) Suchen nach Bewegungen nur bei Gegenständen, die das Kind griff. c) Aufgeschobene Zirkulärreaktion. d) Antizipation des ganzen Gegenstandes, wenn nur ein Teil sichtbar ist. e) Kind beseitigt Hindernis vor seinem Gesicht, um frei sehen zu können.	Sekundäre Zirkulärreaktionen aus bloßem Vergnügen. Assimilatorisches Spiel unterscheidet sich allmählich von »ernsthafter« Adaption	Nachahmung von Lauten und Bewegungen, die bereits dem kindlichen Repertoire angehören, jedoch nur, wenn das Kind seine eigenen Handlungen sehen oder hören kann.
Stadium IV (8-12 Monate)	Koordination sekundärer Schemata und Anwendung auf neue Situationen. Unterscheidung zwischen Mittel und Zweck: *erstes intentionales Verhalten.*	Aktive Suche nach verborgenen Gegenständen. Die Dauer ist noch an die Handlung gebunden: Wenn der Gegenstand an zwei aufeinanderfolgenden Stellen versteckt wird, sucht	Aufgabe des Ziels zugunsten des Spiels mit den Mitteln. Erste Ritualisierungen.	a) Akkomodation neuer Modelle. b) Imitation von Handlungen aus dem kindlichen Repertoire, auch wenn Kind die

	Sensomotorische Intelligenz	Objekt	Spiel: mehr Assimilation als Akkomodation	Imitation: mehr Akkomodation als Assimilation
	a) Wegnehmen eines Hindernisses. b) Gebrauch von Zeichen zur Vorwegnahme von Ereignissen. c) Erforschung neuer Gegenstände, dabei Interesse zentriert auf die Gegenstände als solche.	das Kind am ersten, nicht am zuletzt gesehenen Platz.		eigenen Handlungen nicht sehen oder hören kann. c) Imitation durch Bewegungen, die strukturell analog sind (z. B.: Öffnen und Schließen des Mundes zur Imitation der Augen).
Stadium V (12-18 Monate)	Tertiäre Zirkulärreaktionen und Entdecken neuer Wege durch aktives Experimentieren. »Experimentieren um zu sehen« = Streben nach Neuem. Zielgerichtetes Tastverhalten.	Objekt wird dort gesucht, wo es zuletzt gesehen wurde. Wenn die Verlegung jedoch gefolgert werden soll, sucht das Kind an der ersten Stelle.	Häufige Ritualisierung, jedoch nur, wenn Reize dem Schema adäquat sind, das sie hervorriefen.	Nachahmung erfolgt bewußter, aktiv, genauer dem Modell angepaßt.

	Sensomotorische Intelligenz	Objekt	Spiel: mehr Assimilation als Akkomodation	Imitation: mehr Akkomodation als Assimilation
Stadium VI (ab 18 Monate)	Erfindung eigener Wege durch geistiges Kombinieren. Erfinden durch »inneren Versuch«, durch »sensomotorische Ableitung«.	Erreichen des Gegenstand-Begriffs: a) Gegenstand ist eine Ganzheit, die existiert und sich im Raum bewegt. b) Die Dauer des Gegenstandes ist unabhängig von der kindlichen Aktivität. c) Kind ist ein Objekt unter anderen.	Echter Schein und Glauben-Machen durch Symbolisieren. Reize brauchen nicht mehr adäquat zu sein.	a) Imitation komplexer Modelle ohne Tasten. b) Imitation von Objekten und nicht nur von Personen. c) Aufgeschobene Imitation.

Wird eine von zwei identischen Tonkugeln gedehnt, so glaubt es, daß die gedehnte Kugel jetzt mehr »Stoff« besitzt und deswegen auch mehr wiegt. Sein Urteil ist abhängig vom äußeren Bild eines Gegenstandes; es konzentriert sich auf *eine* Variable, nämlich die Länge, weil sie mehr als der Umfang ins Auge sticht. Das Kind besitzt die Fähigkeit, die *Piaget* Reversibilität nennt, nicht, und kann somit auch einen Prozeß im Geiste nicht rückgängig machen, um die Ausgangssituation mit dem jetzigen Zustand der Dinge zu vergleichen.

Das Denken des Kindes im prä-operationalen Stadium (von vier bis zu sieben Jahren) kann folgendermaßen beschrieben werden:

1. Das Kind orientiert sich an seiner sinnlichen Wahrnehmung; es geht vom *äußeren* Bild der Dinge aus. *Piaget* hat gezeigt, daß Urteile, die von der sinnlichen Wahrnehmung abhängen, die kindlichen Vorstellungen über Materie, Raum, Zeit, Zahl und Kausalzusammenhänge bestimmen. Das Kind im prä-operationalen Stadium denkt zum Beispiel, daß die Zahl einer Reihe von Gegenständen sich ändert, wenn diese, statt verstreut im Raum zu liegen, zusammengelegt werden.
2. Das Kind *konzentriert* sich *(Zentrierung)* auf nur eine Variable, gewöhnlich auf diejenige, die optisch am stärksten hervortritt; es ist nicht fähig, verschiedene Variablen miteinander zu koordinieren. Bei der oben beschriebenen Tonaufgabe drängt sich »Länge« der sinnlichen Wahrnehmung stärker auf als »Breite«, und dem Kind gelingt es nicht, die Veränderung der Länge mit der der Breite zu koordinieren.
3. Das Kind kann schwer begreifen, daß ein Gegenstand mehr als eine Eigenschaft besitzen und deshalb verschiedenen Klassen gleichzeitig zugehörig sein kann. Ein langer, roter Bleistift beispielsweise gehört der Klasse der Bleistifte, der Klasse der roten, der Klasse der langen Gegenstände, sowie der Klasse der Schreibzeuge an; auch kann es sein, daß jemand gleichzeitig in Chicago und im Staate Illinois lebt. Dieses Phänomen der mehrfachen Klassenzugehörigkeit wird *multiplikative* oder *multiple* Klassifikation genannt.

Das Denken wird logischer durch das Auftreten geistiger Operationen. Anstatt sich mit Hilfe seiner Wahrnehmung ein Urteil über Dinge zu bilden, beginnt das Kind, mit den Daten zu operieren, um sie geistig zu verarbeiten. In einer der *Piaget*-Aufgaben wird dem Kind ein »Turm«, ein langer, rechteckiger Holzblock mit der Aufforderung gegeben, aus kleineren Blöcken derselben Breite einen genauso hohen Turm zu bauen. Der »Turm« wird am Boden aufgestellt, während der neue Turm nicht auf dem Boden, sondern auf einer niedrigen Bank gebaut werden soll. Vorher gibt der Untersucher mit seinen Händen an, was »genauso hoch« oder »genauso lang« bedeutet. Ein vierjähriges

Kind wird mit seinen kleineren Blöcken solange weiterbauen, bis sein Turm ungefähr dieselbe Höhe des ursprünglichen Turmes erreicht hat. Manchmal wird es die Hand in der Luft von der Spitze des ersten Turmes zur Spitze des zweiten bewegen, um zu beweisen, daß beide Türme gleich hoch sind. Es wird durch das, was es sieht, irregeführt; denn es ist noch nicht fähig, in Betracht zu ziehen, daß die beiden Türme verschiedene Ausgangspunkte haben. Nach einigen Jahren wird es aber seine Urteile von seiner Wahrnehmung unabhängig machen und fähig sein, zu überlegen, daß der zweite Turm auf einer höheren Unterlage steht und deshalb um ein bestimmtes Maß höher als der erste gebaut werden muß. Es erkennt allmählich, daß der große Block aus einer Anzahl kleinerer Einheiten zusammengesetzt ist und daß ein Turm, der genauso hoch wie der erste sein soll, aus verschiedenen Einheiten zusammengesetzt sein kann, die aber dieselbe Summe bilden müssen.

Mit ungefähr sieben Jahren treten logische Operationen auf, die das Kind befähigen, Probleme wie das oben beschriebene »Turmproblem« zu lösen. Dieses Entwicklungsstadium (von ungefähr sieben bis zu elf Jahren) wird *das Stadium der konkreten Operationen* genannt; das Kind »operiert« mit den ihm zugänglichen Daten oder transformiert sie auf sehr konkrete Art. Eine sehr wesentliche geistige Operation, die auf dieser Stufe auftritt, ist die *Reversibilität,* das heißt die Fähigkeit, einen Vorgang im Geiste zurückzuverfolgen und zum Ausgangspunkt zu gelangen, um ihn mit dem gegenwärtigen Zustand zu vergleichen. Gibt man einem Kind Miniaturfiguren, Häuser, Menschen, Tiere, Küchenutensilien und andere Gegenstände mit der Aufforderung, sie bestimmten Klassen einzuordnen, so wird es die Gegenstände, die sich auf irgendeine Art und Weise gleichen, zusammenstellen, also in die gleiche Klasse einordnen. Es wird jeden einzelnen Gegenstand nach seiner Funktion zu ordnen versuchen und sich sagen, »mit diesen Gegenständen kann man kochen, also stelle ich den Topf auch dazu«; genauso muß es, wenn es eine Teekanne oder einen Teller in der Hand hält, zum Ausgangspunkt zurückgehen und sich fragen: »Kann man diese Gegenstände zum Kochen benützen? Wenn ja, dann müssen sie auch in die Klasse der Kochutensilien eingeordnet werden«. Das Kind kann diese Operationen auch ausführen, ohne mit Worten zu denken, aber die Reversibilität ist eine wesentliche Voraussetzung für die Ausführung dieser Aufgabe.

Die Lösung des »Turmproblems« hängt auch von anderen logischen Operationen ab, etwa von der Fähigkeit, aus Teilen ein Ganzes zu bilden und zu erkennen, daß die Teile zusammengesetzt oder auf verschiedene Art und Weise miteinander kombiniert werden können, um ein Ganzes zu bilden. Man muß jedoch beachten, daß das Ganze aus *allen* vorhandenen Teilen gebildet werden muß. Manchmal machen wir ein

Kind oder einen Erwachsenen, mit dem wir uns über eine wichtige Sache unterhalten, aufmerksam darauf, daß er beim Vertreten eines Standpunktes einen Aspekt außer acht gelassen hat, der die ganze Sachlage verändern könnte, wenn er mit der übrigen Argumentation widerspricht. Genauso wie bei Gerichtsverfahren ist auch beim logischen Denken das *Ganze* wesentlich und ausschlaggebend.

Die Fähigkeit, zu entscheiden, ob es sich um die gleichen Dinge handelt oder nicht, oder die Identität eines Gegenstandes zu erhalten, sind weitere wichtige geistige Aktivitäten, die auf dem konkret-operationalen Stadium entstehen. Wir können zwei Tonkugeln auf eine zweischalige Waage legen, um festzustellen, ob sie beide gleich viel wiegen. Wenn dies nicht der Fall ist, können wir entweder der schwereren etwas wegnehmen oder der leichteren etwas zugeben. Dann können wir eine der Kugeln von der Waagschale entfernen, sie zu einer langen Wurst ausrollen und sie wieder auf die Waage legen; dabei können wir im voraus sagen, daß sich das Gewicht nicht verändert hat. Wenn einem Stoff nichts hinzugefügt und nichts weggenommen wird, bleibt auch sein Gewicht unverändert. Diese logische Tatsache wird von den Kindern, die operational denken, erkannt und auch verbal formuliert.

Die Aufgabe der Vorschule besteht nun darin, die Grundlagen für die Entstehung dieser logischen Operationen, die nicht nur altersbedingt sind, zu liefern. In der Tat gibt es acht- oder neunjährige Kinder, die immer noch auf dem prä-operationalen Stadium sind, wodurch ihre Lernfähigkeit in der Schule, die hauptsächlich logisches und zusammenhängendes Denken erfordert, beeinträchtigt wird. Zu dem Problem, wie sich das Entwicklungsstadium des Kindes zu seinem Alter verhält, äußert sich *Piaget* folgendermaßen:

> Das Alter von sieben Jahren ist im doppelten Sinne relativ. Bei unseren Untersuchungen sagen wir, daß ein Problem von Kindern einer gewissen Altersgruppe richtig gelöst worden ist, wenn dreiviertel der Kinder richtig reagieren. Infolgedessen kann man auch voraussetzen, daß eine Frage, die von einem siebenjährigen Kind gelöst werden kann, ebenso von der Hälfte der Sechsjährigen und einem Drittel der Fünfjährigen usw. bewältigt werden kann. Dieses Verfahren entspricht im wesentlichen einer statistischen Konvention und hängt von der jeweiligen Gesellschaft ab, in der man lebt. Wir arbeiten in Genf, und die Altersangaben, die ich mache, beziehen sich auf Kinder in Genf. Ich weiß, daß sich in gewissen anderen Gesellschaftsformen, etwa in Martinique, wo unsere Experimente von *Monique Laurendau* und *Pater Pinard* durchgeführt wurden, diese Entwicklung mit einer Verspätung von drei oder vier Jahren anbahnt. Folglich steht das Alter, in dem solche Probleme von Kindern gelöst werden können, in einem bestimmten Verhältnis zur jeweiligen Gesellschaft, in der diese Kinder leben. Wesentlich bei diesen Stadien ist jedoch ihre Reihenfolge. Das durchschnittliche chronologische Alter schwankt *(Ripple* und *Rockcastle,* S. 31–32).

Die Kinder in Martinique, die *Piaget* erwähnt, sind Kinder armer

Familien und somit auf kulturellem und erzieherischem Bereich benachteiligt. Kompensatorische Erziehungsprogramme müssen hier eingesetzt werden, um diesen Kindern zu helfen; darüber, wann man mit dieser Unterstützung beginnen sollte, gibt es jetzt keine Debatte mehr (außer vielleicht über das genaue Alter der Kinder); es herrscht im allgemeinen Übereinstimmung darüber, daß die frühe Kindheit die Zeit ist, in der ein geeignetes Förderungsprogramm stark zur Entwicklung der Intelligenz beiträgt. *Wie* man diesen Kindern jedoch helfen kann, ist eine Frage, über die man sich noch nicht ganz einig ist; es herrscht jedoch Übereinstimmung darüber, daß ein Curriculum *zur Förderung der Intelligenz von Kindern* geschaffen werden sollte. Auf die Dauer wird eine geschärfte Intelligenz dem Schulkind förderlicher sein als bestimmte erworbene Fähigkeiten, wie zum Beispiel das Lesen.

Magoun (1960) wies darauf hin, daß die Evolution des menschlichen Gehirns wahrscheinlich zum Stillstand gekommen ist, daß sich die Großhirnrinde des *homo sapiens* in den letzten 45 000 Jahren nicht wesentlich verändert hat und daß schließlich eine erhöhte geistige Kapazität erst nach der Geburt möglich wird. Der moderne Mensch muß an die Stelle von phylogenetischen Veränderungen (Veränderungen, die im Laufe der menschlichen Entwicklungsgeschichte vor sich gingen) Reifungsprozesse des Gehirns setzen, die durch Erfahrungen nach der Geburt bedingt sind. Die Erziehungspraktiker sollten deshalb ihr größtes Augenmerk auf die Art der frühen Erfahrungen des Kindes richten. Dabei müssen die Erfahrungen *aller* Kinder in Betracht gezogen werden, gleichgültig ob es sich um das Kind eines eingewanderten Arbeiters, eines Puertorikaners, eines Mexikaners, eines Negers oder um Unter-, Mittel- oder Oberschichtskinder handelt. Wenn nicht jedem einzelnen Kind während seines Wachstums gute Entwicklungsmöglichkeiten gegeben werden, kann es durchaus sein, daß es als vierzigjähriger Erwachsener arbeitslos wird. In der mechanisierten amerikanischen Gesellschaft werden nämlich zunehmend weniger Arbeiter mit einem unterentwickelten Gehirn benötigt.

2.2. Piagets Äquilibrationsmodell

Eines der Ziele der Vorschulerziehung sollte deshalb die Förderung der Intelligenz sein. *Piagets* Forschungsarbeit und seine Schriften haben uns eine standfeste theoretische Grundlage geliefert. Sein Äquilibrationsmodell beschreibt den Prozeß des Wissenserwerbs und die Entwicklung der logischen Denkfähigkeit. Nach *Piaget* entwickelt sich das logische Denken dann, wenn wir unseren Kopf gebrauchen, um Wissen zu erwerben; und um Wissen zu erwerben, müssen wir einige logische Denkfähigkeiten besitzen. Wesentlich bei diesem Prozeß ist die Selbsttätigkeit; Wissenserwerb ist etwas, das »der Schüler selbst und für sich selbst betreiben muß«, und gerade dieser Aspekt der Selbsttätigkeit ist es auch, den *Piaget* uns beschreibt.

Piaget war Biologe, bevor er zum Psychologen und Erkenntnistheoretiker wurde; deshalb ist auch nicht verwunderlich, daß seine Vorstellung von Intelligenz auf einer biologischen Grundlage beruht, die zur Herstellung eines Gleichgewichts von geistigen Strukturen erforderlich ist. Solch eine homeostatische Tendenz gibt es auch in anderen Systemen des Körpers; wenn ein System gestört ist, versuchen verschiedene andere Mechanismen, das Gleichgewicht jenes Systems wieder herzustellen. Wenn etwa der Körper überhitzt ist, wird automatisch ein Mechanismus in Gang gesetzt, der Schweiß produziert, die Blutgefäße erweitert und andere Veränderungen im Körper hervorruft, um die Körpertemperatur zu senken und sie wieder ins Gleichgewicht zu bringen. Diese Phänomene sind biologische Anpassungen.

Piaget spricht auch von der Anpassung geistiger Prozesse, die aber den biologischen überlegen sind. Wenn das Gleichgewicht der geistigen Strukturen gestört wird, entsteht eine grundlegende Tendenz im Gehirn, es wiederherzustellen. Diese Anpassung erfolgt jedoch nicht automatisch; denn der Mensch kontrolliert in einem gewissen Maß seine geistigen Operationen. Ferner werden die geistigen Strukturen durch den Äquilibrationsprozeß verändert.

Zwei Mechanismen sind für die Äquilibration erforderlich: die *Assimilation* und die *Akkomodation.* Man spricht immer dann von Assimilation, wenn das Individuum die Daten einer Erfahrung in sein geistiges System aufnimmt. Um jedoch eine Situation oder einen Gegenstand zu assimilieren, muß man auf sie einwirken und sie zu verändern versuchen. Neue Gegenstände oder Vorgänge werden dann von der Intelligenz als Schemata oder Konzepte, die wiederholt und auf verschiedene Situationen angewendet werden können, aufgenommen.

Piaget (1952) unterscheidet drei Arten der Assimilation: die funktionale Assimilation, in der eine Handlung durch kognitive Aktivität reproduziert werden kann; die wiedererkennende Assimilation, mit deren Hilfe Dinge geprüft und in ein bestimmtes Schema assimiliert werden können; schließlich die verallgemeinernde Assimilation, die durch die Schaffung eines breiteren Schemas möglich macht, eine größere Menge von Objekten und Ereignissen, die assimiliert werden können, zu überblicken. Der Leser kann diese drei Typen der Assimilation in seiner eigenen geistigen Aktivität feststellen.

In der einfachsten Form, der funktionalen Assimilation, wiederholt man einen Gedanken für sich; man kann zum Beispiel sagen: »*Piaget* meint, daß Selbsttätigkeit geistiger Art wesentlich für das Wissen ist«.

Bei der zweiten Form kann man sagen: »Wenn ich den Gedanken aus dem Gedächtnis einfach wiederhole, ohne darüber ›nachzudenken‹ und ohne den Versuch zu machen, zu verstehen, was *Piaget* über die Bedeutung der Selbsttätigkeit sagt, kann ich dann wirklich ›wissen‹, wovon *Piaget* spricht?« Hier prüft man einen bestimmten Gedanken, um zu sehen, ob er in ein bestimmtes Schema paßt. Von verallgemeinernder Assimilation spricht man, wenn jemand sagt: »Was ich gerade ausführe ist eine geistige Aktivität, um zu begreifen, was *Piaget* mit Selbsttätigkeit meint. Ich wirke tatsächlich auf den Gedanken ein und weite ihn aus.« Es wird in anderen Worten versucht, das Schema, das assimiliert werden soll, zu erweitern. Jedesmal manipuliert der Leser die Daten, obwohl seine Denkprozesse umso komplexer werden, je weiter er von einer einfachen, funktionalen Assimilation zu einer höheren Form fortschreitet.

Die Transformation von Daten durch das Subjekt findet ihr Gegenstück in der Modifikation des erregenden Rahmenwerks der Gedanken. Diese Modifikation wird durch den Prozeß der Akkomodation erzielt; Akkomodation besagt in diesem Fall, daß das Denkgerüst verfeinert und modifiziert wird, um die assimilierten Daten aufzunehmen. Bei der Akkomodation »entscheidet« man darüber, was als wahr akzeptiert werden kann. Diese Veränderungen im Denkgerüst läßt man nicht passiv über sich ergehen; genauso wie die Assimilation ist auch die Akkomodation ein aktiver und richtungsweisender Prozeß. Es finden weder Akkomodation noch Veränderungen im Denksystem statt, wenn der Lernende sich nur mit der Feststellung zufriedengibt, daß das existierende Denkgerüst ungenügend ist; er muß den neuen Daten gegenüber vielmehr einen Standpunkt vertreten oder sich ihnen gegenüber entscheiden.

Der Akkomodationsprozeß erfordert vom Lernenden Anstrengungen und Initiative; er muß eine »Wahl« treffen, wie *Piaget* es ausdrückt. Nehmen wir ein Schulbeispiel und stellen uns vor, daß der Lernende mit Daten konfrontiert wird, die irgendeine Assoziation hervorrufen. Er wird eine Vorführung sehen oder ein Experiment ausführen, bei dem er feststellen wird, daß ein Bleizylinder den Wasserspiegel in einem Glas um genauso viel, wie ein Zylinder aus Aluminium vom gleichen Volumen anheben wird. Seine frühere Vorstellung, daß der schwerere Zylinder den Wasserspiegel stärker hebt, muß er jetzt aufgeben und sich fragen, was er mit den Daten, die er assimiliert hat, anfangen kann. Er wird sich vielleicht sagen: »Hier geht etwas Merkwürdiges vor sich, aber ich werde mir den Kopf darüber nicht zerbrechen«, oder er wird denken: »Vielleicht liegt das Problem an diesen zwei Zylindern; ich werde zwei andere Zylinder nehmen, die denselben Umfang haben, von denen aber einer klein und der andere groß ist, und sehen, was nun geschieht«. Er wird sein Experiment weiterführen und zunächst Zylinder verschiedenen Volumens verwenden und Daten aus jeder Erfahrung assimilieren, bis er überzeugt ist, daß nicht der Gewichtsfaktor verantwortlich für das seltsame Phänomen ist, das er gerade beobachtet. Er muß jetzt eine klare Entscheidung treffen und sagen: »Das Gewicht ist nicht ausschlaggebend, also muß etwas anderes dahinterstecken«; dann wird er, nachdem er eine Zeitlang weiterexperimentiert und weitere Daten assimiliert hat, möglicherweise entdecken, daß Zylinder gleichen Volumens, unabhängig von ihrem Gewicht, immer dieselbe Menge Wasser verdrängen.

Durch progressive Assimilationen und Akkomodationen schreitet der Äquilibrationsprozeß fort und stellt ein Gleichgewicht auf einer höheren Stufe her. Dieses Gleichgewicht ist aber nicht statisch, sondern eher ein dynamischer Ersatz als Folge der Aktivität des einzelnen, als Reaktion auf äußere Störungsfaktoren zu einem bestimmten Zeitpunkt. *Piaget* (1964) spricht von einem stabilen Zustand in einem offenen System; dieser Zustand hat keine endgültige Form, sondern ändert sich ständig durch das Aufnehmen neuer Faktoren in das System, die ihrerseits zu einer ständigen Verfeinerung sowohl des Wissens als auch der Denkinstrumente beitragen.

Bruner (1964) befaßt sich mit der Bedeutung der Selbsttätigkeit, was zusätzlich Aufschluß über das Problem gibt. Er stellt fest, daß das Kind, das eine Tätigkeit oder ein Experiment ausführt, sich im Geiste ein Bild vom Prozeß entwirft. *Bruner* berichtet von einem Experiment, bei dem er versuchte, Kindern quadratische Funktionen derart beizubringen, daß sie angeregt wurden, ihr Wissen bei der Lösung des Problems zu verwenden. In der ersten Aufgabe mußten die Kinder würfelförmige Klötze auf verschiedene Art und Weise zusammenstellen, um die Zahl der Kombinationsmöglichkeiten zu ermitteln. Mit Hilfe dieser Tätigkeiten begriffen die Kinder die Faktoren – daß nämlich drei Reihen von je drei Würfeln zusammen neun und drei solcher Schichten die Dimensionen $3 \times 3 \times 3$ ergeben. Später mußte eine Aufgabe mit Hilfe einer Waage gelöst werden, auf deren eine Schale ein Ring gelegt wurde; es waren nun die verschiedenen Kombinationsmöglichkeiten von Ringen zu ermitteln, die auf die andere Schale gelegt werden mußten, um die Waage im Gleichgewicht zu halten.

Zusätzliche Tätigkeiten mit Baumaterialien wurden ausgeführt, wobei das Kind von einem großen flachen Quadrat aus Holzstreifen und kleinen Quadraten bestimmte Quadrate abtrennte. Es mußte jedesmal aufschreiben, wie lang und wie breit das betreffende Quadrat jeweils war. Die ersten Angaben des Kindes sind konkreter Art: ein X-Quadrat (X hat man dem Kind als unbekannten Faktor angegeben), zwei X-Streifen und ein Einer-Quadrat. Es kann jede Aufzeichnung nachprüfen, indem es auf seine Konstruktionen zurückgreift. *Bruner* meint dazu (S. 326): »Die syntaktischen Einsichten ... werden durch die wahrnehmungsmäßig-manipulativen Einsichten über die Bezugsmaterialien ergänzt«.

Sicherlich sollte sich das Kind nicht ständig auf sichtbare, manipulierbare Materialien stützen; es muß auch fähig sein, mit Abstraktionen und Symbolen umzugehen. Macht es direkte, physische Erfahrungen, so wird es genügend Daten assimilieren, um das wesentliche Phänomen dieser Erfahrungen geistig darstellen zu können; dafür sind eine Anzahl von Denkkonzepten erforderlich. Nur eine einzige Erfahrung, die das Kind beim Herumwirbeln eines Gegenstandes am Ende einer Schnur macht, wird es nicht vom beengenden Einfluß einer einzigen sensomotorischen Tätigkeit befreien; das Kind braucht vielmehr eine Anzahl von Aktivitäten, anhand derer es »fühlen« kann, daß die äußere Triebkraft eines Wurfgeschosses ihm die Möglichkeit gibt, Wurfprobleme geistig besser zu bewältigen. Es wird sich nicht mehr auf ein Bild, das auf einer einzigen Aktivität beruht, verlassen, sondern sich ein Bild entwerfen, das die Merkmale vieler Aktivitäten in sich vereint.

Es gibt kein empirisches Beweismaterial, das in genauen Untersuchungen gesammelt worden wäre, das zeigt, daß der Wissenserwerb von der Selbsttätigkeit, die gemäß einem Äquilibrationsmodell ausgeführt wird, abhängt. Die Evidenz dieser Abhängigkeit kann jedoch von Lehrern anhand des Verhaltens ihrer Schüler gezeigt werden. Es kommt nicht selten vor, daß ein Kind von einem Prinzip, das ihm sogar vorgeführt und erklärt wurde, nicht überzeugt ist. Darauf reagiert der Lehrer meist gereizt und ruft dem Schüler, der die falsche Antwort gegeben hat, zu: »Aber du hast doch gerade das Gegenteil gehört. Wir haben es gerade erklärt. Hast Du nicht zugehört?« Der Lehrer wird sich im stillen denken, daß das Kind entweder dumm oder stur ist; es ist aber eher anzunehmen, daß das Kind nicht selbst auf die Erklärung eingewirkt hat, um sie sich zueigen zu machen, und somit konnte die Äquilibration nicht zustande kommen.

2.3. Individuelle Unterschiede bei der Schnelligkeit des Wissenserwerbs

Für *Piaget* ist die Äquilibration der Schlüsselfaktor für die Erklärung, warum die Entwicklung der logischen Intelligenz bei manchen Kindern schneller fortschreitet als bei anderen; Aspekte wie Reifung werden zwar nicht außer acht gelassen, aber auch nicht für ausreichend befunden. *Piaget* betont, daß wir nicht voraussagen können, daß ein Kind beim Erreichen eines gewissen Alters auch einen ganz bestimmten festgesetzten Grad an logischer Denkfähigkeit erreicht haben wird. Dies beweisen die Kinder in Martinique, die in ihrer geistigen Entwicklung vier Jahre hinter den Genfer Kindern zurückstehen; denn logische Operationen treten nicht allein auf Grund bestimmter Erfahrungen oder der Reifung des Nervensystems auf. *Deutsch* stellte nämlich bei Kindern von Wanderarbeitern, die mit ihren Eltern mehrmals den Ort wechseln mußten, fest, daß ihre geographischen Kenntnisse minimal waren. Auch ein Unterricht, der nur verbaler Art ist, scheint das Entstehen von logischen Strukturen nicht zu garantieren. Der Leser wird sicherlich schon die Erfahrung gemacht haben, daß er beim Lesen oder Hören eines Berichtes über die Entdeckung eines Nobelpreisträgers auf naturwissenschaftlichem Gebiet das Gefühl hat, die Ausführungen genau verstanden zu haben, aber absolut nicht fähig sei, das Phänomen anderen zu erklären.

Die Selbständigkeit ist ein ausschlaggebender Faktor in bezug auf das Äquilibrationsmodell. Wenn ein Äquilibrium auf einer höheren geistigen Stufe hergestellt werden soll, muß das Kind geistig aktiv sein, das heißt, es muß die Daten transformieren. Die Elemente, die aufgenommen werden müssen, können durch eine Erfahrung geliefert werden, oder das Kind kann auf einen Denkfehler aufmerksam gemacht werden; dennoch wird sich keine – oder eine falsche – Akkomodation einstellen, wenn der Geist sich nicht aktiv mit Daten auseinandersetzt.

Kinder kann man genauso wenig wie Erwachsene durch bloße Worte davon überzeugen, daß sie einen Fehler gemacht haben. Sie selbst müssen auf die Daten einwirken und sie transformieren. Wie *Piaget* sagt, ist Wissen keine Imitation der Realität; um wirkliches Wissen zu erwerben, muß man die Realität modifizieren.

Piagets Theorie macht auch deutlich, daß es sich bei Wahrnehmungs- und operationalen Prozessen um zwei gänzlich verschiedene Formen der geistigen Aktivität handelt, und daß ein Wahrnehmungstraining nicht zur für das logische Denken wesentlichen Transformation von Daten führt.

Aufgaben, in denen Schüler Farben und Formen sortieren müssen, können auch nach der bloßen Wahrnehmung durchgeführt werden. Das Kind kann eine Klasse von roten Gegenständen bilden, ohne sich im Geiste mit Daten auseinanderzusetzen und sein Urteil auf Grund der bloßen Wahrnehmung fällen. *Piagets* Argument, daß Wahrnehmungstraining nicht gleich Intelligenztraining ist, ist überzeugend. Er weist auf folgendes hin (1961):

1. Ein Gegenstand kann nur dann wahrgenommen werden, wenn er konkret vorhanden ist, und Wissen auf Grund der bloßen Wahrnehmung ist auf

bestimmte physische Merkmale beschränkt. Von einem Rechteck zum Beispiel, das man vor sich hat, nimmt man nur Form, Dimensionen und Größe wahr, ohne diese Daten auch auf andere Rechtecke übertragen zu können. Auf Grund operativer Strukturen (Intelligenz) jedoch, kann man Gegenstände, die an einem anderen Ort sind und somit nicht wahrgenommen werden können, sich im Geiste vorstellen; hat man dann ein bestimmtes Rechteck vor sich, so weiß man, daß es eine Spielart der Klasse der Rechtecke oder allgemein der viereckigen Figuren ist.

2. Die Wahrnehmung ist zeitlich und räumlich begrenzt; beim Anblick des Vollmondes kann man sich gleichzeitig den Halbmond nur dann vorstellen, wenn man eine Erinnerung wachruft oder sich einer operativen Struktur bedient. Kraft der Intelligenz jedoch vermag man jedes Element unabhängig von Raum und Zeit geistig zu erfassen und auch eine Gruppe von Elementen im Geiste voneinander zu trennen, um sich mit jedem einzelnen von ihnen auseinanderzusetzen.
3. Die Wahrnehmung ist im allgemeinen egozentrisch; das Wahrgenommene steht in einem besonderen Verhältnis zum Standpunkt einer bestimmten Person. Darüber hinaus ist es durch Zentrierungseffekte (eine Überbewertung der Elemente, die im Mittelpunkt der Wahrnehmung stehen) systematischen Deformationen ausgesetzt. Die Intelligenz der Operationen macht es auf der anderen Seite möglich, ein Element ohne Rücksicht auf sich selbst und den besonderen Standpunkt des einzelnen zu kennen. Mit Hilfe operationaler Strukturen wird es möglich, Dinge statt aus dem engen, beschränkten Blickpunkt der Wahrnehmung heraus in einer viel weiteren Perspektive zu erfassen.
4. Die Wahrnehmung ist auf die Phänomene beschränkt, die von den Sinnen erfaßt werden können. Beim Anblick eines geschlossenen Kastens zum Beispiel weiß man nur, daß es sich um einen dreidimensionalen Gegenstand von einem bestimmten Volumen und einem Inneren handelt; um aber etwas über den Inhalt des Kastens auszusagen, sind andere Mechanismen erforderlich. Die Intelligenz jedoch geht über die sinnlich wahrnehmbaren Daten hinaus und macht deduktive Annahmen über den Inhalt des Kastens.
5. Wahrnehmungsstrukturen kennen keine Abstraktionen; sie können sich nicht auf gewisse Aspekte eines Objekts oder eines Vorgangs beschränken, während sie Abstraktionen von anderen machen. Nur die Intelligenz vermag die für die Lösung eines bestimmten Problems erforderlichen Daten auszuwählen und andere unwesentliche Daten unberücksichtigt zu lassen.

Zahlreiche Vorschulprogramme messen dem Wahrnehmungstraining als Mittel zur Förderung der Lern- und besonders Lesefähigkeit große Bedeutung bei. Aber wenn für den Erwerb bestimmter Fähigkeiten die Transformation von Daten erforderlich wird (wie etwa beim Lesen), ist Wahrnehmungstraining von keinem allzu großen Nutzen. Nur dann, wenn das Kind das Wahrgenommene verändern muß, wird logisches Denken beansprucht.

2.4. Ein Piaget-Modell für die Früherziehung

Experimentelle Erziehungsprogramme für die frühe Kindheit waren bestrebt, den IQ zu erhöhten. Ein Psychologe meinte dazu scherzhaft:

»Amerikanische Lehrer scheinen ihr Ziel in die Steigerung des IQ gesetzt zu haben, damit jedermann über dem 50. Perzentil liegt«. Ein realistisches Ziel der Vorschule wäre jedoch die Förderung der intellektuellen Fähigkeiten, wobei man gleichzeitig erkennen müßte, daß Faktoren wie Motivation und Selbstkonzept auch zu den intellektuellen Fähigkeiten gehören. Solch ein Ziel steht im krassen Gegensatz etwa zu *Bereiter-Engelmann* (1966), deren Curricula zur Entfaltung vorschulischer Fähigkeiten wie Lesen, Sprechen und Rechnen dienen sollen; für die Förderung der intellektuellen Kompetenz ist ein großteils unstrukturierter Schultag erforderlich; im Gegensatz dazu steht die schulbezogene Vorschule, in der das Kind völlig in Anspruch genommen wird von hochstrukturierten Tätigkeiten. Stimmen wir *Piagets* Theorie zu, daß Wissen durch unser Einwirken auf die Dinge und auf ihre Zwischenbeziehungen erworben wird, dann müßte ein wesentlicher Teil des Vorschultages freien Aktivitäten vorbehalten sein, in die einzelne oder mehrere Kinder einbezogen werden können; dabei sollten wir die Tatsache berücksichtigen, daß Kinder voneinander lernen, und daß ein Programm, das sie in der Wahl ihrer Aktivitäten einschränkt, auch die Möglichkeit zur gegenseitigen Unterrichtung nicht gewähren kann.

Wie wir bereits sagen, machen aber nur *manche* Kinder bei ihren Aktivitäten in der Vorschule aufregende Entdeckungen. Andere Kinder sind dazu nicht in der Lage. *Manche* Kinder, wie etwa das von *Montessori* beobachtete Kind, das eine Tätigkeit unermüdlich mehr als 40mal ausführte, wird sich lange Zeit mit einer Aufgabe beschäftigen können; andere wiederum werden es nicht lange bei einer Tätigkeit aushalten. *Manche* werden »zielgerichtete Experimente« bei ihrer Beschäftigung mit Materialien ausführen, andere werden die Materialien nur zur sensomotorischen Befriedigung verwenden.

Die Aufgabe des Lehrers besteht nun darin, allen Kindern zu helfen, durch Selbsttätigkeit Wissen zu erwerben; dazu scheinen die Lehrer in manchen Infant Schools durch ihre geschickten Fragen an die Kinder beim Erforschen bestimmter Objekte fähig zu sein. Ein amerikanischer Beobachter meint, daß der englische Lehrer die richtige Frage zur richtigen Zeit zu stellen weiß, wodurch die Kinder angeregt werden, ihre Tätigkeiten auf einer höheren geistigen Stufe weiterzuführen. Der Lehrer sagt beispielsweise zu einem Kind, das gerade geometrische Figuren zweier verschiedener Größen und Farben sortiert und in mehrere Stapel legt: »Wie mußt du die Figuren sortieren, damit du am Ende nur noch zwei Stapel hast und dabei trotzdem alle Figuren verwendest?« Der Lehrer gibt in solchen Fällen keine Anleitungen, aber durch seine Fragen sieht sich das Kind vor ein Problem gestellt, das es zu lösen gilt; dadurch kann ein Äquilibrium geistiger Prozesse auf einer höheren Stufe hergestellt werden.

Der Lehrer vermag nur dann die richtigen Fragen zu stellen, wenn er die kognitive Entwicklung in der frühen Kindheit genau kennt, und dabei leistet die Theorie *Piagets* unschätzbare Dienste. Man kann davon ausgehen, daß das Denken des Vorschulkindes noch prä-operational ist, und wir wissen, wie es in diesem Stadium über seine Welt denkt. Wir wissen, daß es die Dinge, die es sieht, in Klassen und Unterklassen einzuordnen beginnt; wir wissen auch, daß es sich allmählich über Zahl und Raum und über beider Beziehung zueinander Vorstellungen macht. Auch ordnet es verschiedene Objekte und Ereignisse nach bestimmten Kriterien und stellt Reihen von Gegenständen auf, die von schmal zu breit, von kurz zu lang, vom ersten zum letzten und von leicht zu schwer reichen. Da wir wissen, welche wichtigen kognitiven Entwicklungen Kinder durchmachen müssen, können wir auch ein Curriculum zur Förderung dieser Entwicklung vorbereiten. Insbesondere können wir ein Curriculum planen auf der Grundlage von Klassifikation, Raum, Zahl und Seriation und dabei die schrittweise Entwicklung dieser Bereiche berücksichtigen. Mit Hilfe eines solchen Curriculums wird es dem Kind möglich, durch einen Assimilationsprozeß neues Wissen zu erwerben, alte Vorstellungen zu korrigieren und logische Denkfähigkeit zu entwickeln.

Es folgt jetzt ein Überblick über die logischen Prozesse, die sich in der frühen Kindheit entwickeln: Klassifikation (*Inhelder und Piaget,* 1964), Raum und Zahl *(Piaget,* 1952 a, *Piaget und Inhelder,* 1956), *(Piaget, Inhelder und Szeminska,* 1960) und Seration *(Inhelder und Piaget,* 1964):

2.4.1. Klassifikation

1. Einfaches Sortieren. Das Kind stellt Dinge nach einem einzigen Kriterium, das sinnlich wahrgenommen werden kann, wie etwa Farbe, Größe und Form, zusammen.

2. Auftreten echter Klassifikation. Abstraktion einer gemeinsamen Eigenschaft aus einer Klasse von Objekten und Feststellung derselben Eigenschaft auch bei anderen Objekten der Klasse. Das Kind ist fähig, beide Prozesse gleichzeitig zu vollziehen.

3. Multiple Klassifikation. Das Kind kann ein Objekt nach mehreren Aspekten klassifizieren und erkennen, daß es mehreren Klassen gleichzeitig zugehören kann.

4. Alle-einige-Relation. Das Kind kann zwischen Eigenschaften, die *allen* Mitgliedern einer Klasse zu eigen sind und denen, die nur *einige* Mitglieder besitzen, unterscheiden. Bei Aufstellen von roten Vierecken und roten Kreisen erkennt es zum Beispiel, daß *alle* Figuren rot, aber nur *einige* viereckig und auch nur *einige* kreisförmig sind.

5. Klasseneinschluß. Das Kind kann Unterklassen von bestimmten Gegenständen bilden (eine Klasse von roten und eine Klasse von gelben Perlen) und diese Unterklassen dann in eine größere Klasse einordnen (die Klasse der Holzperlen).

2.4.2. Raum und Zahl

1. Physische Entsprechung von Objekten auf einer Eins-zu-Eins-Basis. Das Kind kann auf Grund einer visuellen Entsprechung zwei gleiche Reihen von Gegenständen aufstellen.

2. Eins-zu-Eins-Entsprechung im Falle einer gestörten physischen Entsprechung. Das Kind erkennt sogar ohne Raumentsprechung die Gleichheit von Reihen von Gegenständen.

3. Mengenerhaltung. Das Kind erkennt, daß eine bestimmte Menge, sei sie flüssig wie Wasser oder aus festem Stoff wie Perlen, erhalten bleibt, auch wenn sie ihren Ort wechselt und eine andere Form einnimmt. Die Zahl zehn bleibt erhalten, gleichgültig ob sich nun die zehn Gegenstände in einem niedrigen, flachen oder in einem hohen, schmalen Gefäß befinden oder im Raum verstreut oder in einer Gruppe zusammengefaßt sind.

4. Erhaltung des Ganzen trotz veränderter additiver Komposition der einzelnen Teile. Das Kind sieht ein, daß acht Gegenstände, die in zwei Gruppen von je vier Gegenständen aufgeteilt sind, numerisch acht Gegenständen, die in 1 und 7 geteilt sind, entsprechen.

5. Flächenerhaltung. Das Kind begreift daß die Fläche erhalten bleibt trotz Veränderung ihres Aussehens, vorausgesetzt, daß nichts hinzugefügt und nichts entfernt wird.

6. Transformation der Perspektive. Das Kind vermag sich vorzustellen, wie ein Gegenstand von einem anderen Blickpunkt aus aussehen würde oder kann Dinge im Geist umkehren und sich denken, wie sie nach einer Transformation im Raum aussehen würden.

2.4.3. Seriation

1. Anordnen von Gegenständen nach einer Eigenschaft. Das Kind vermag Gegenstände nach aufsteigender Größe (oder nach einem anderen Kriterium) zu klassifizieren und *alle* Objekte, die klassifiziert werden sollen, einzubeziehen.

2. Ordnen von Gegenständen in zwei aufeinander im umgekehrten Verhältnis bezogene Reihen. Das Kind kann sich gleichzeitig zwei Beziehungen vorstellen und die Reihenfolge der Zusammenstellung vom kleinsten zum größten, oder vom schmalsten zum breitesten Gegenstand umkehren.

3. Seriation und visuelle Darstellung. Das Kind kann die Gegenstände, die es zu einer Reihe zusammengestellt hat, zeichnen und dies später schon vor der Zusammenstellung tun.

4. Seriation geometrischer Formen. Das Kind kann eine Reihe von geometrischen Figuren nach zunehmendem Flächeninhalt und zunehmender Seitenzahl zusammenstellen.

Alle Vorschulcurricula beziehen in ihr Programm einige Aufgaben der Klassifikation, der Zahl, des Raumes und der Seriation ein, aber nicht alle Lehrer sind sich der unterschiedlichen Denkprozesse in den einzelnen Bereichen bewußt; auch wissen sie meist nicht, in welcher Reihenfolge diese Prozesse während der Entwicklung des Kindes stattfinden. Die Kenntnis davon, wie sich solche Denkstrukturen bilden, wird dem Lehrer helfen, geeignete Materialien für die verschiedenen kognitiven Aktivitäten auszuwählen und die Kinder bei ihrer Beschäftigung mit diesen Materialien geistig zu fördern. In den Kapiteln 4, 5 und 6 werden solche Strukturen, sowie ihre Entwicklung auf den drei Gebieten, nämlich der Klassifikation, der Zahl, des Raumes und der Seriation beschrieben; auch sollen in diesen Abschnitten einige Vorschläge zur besseren Förderung der Entwicklung solcher Strukturen gemacht werden.

Kurze, strukturierte Lernabschnitte sollen dem Lehrer helfen, die Entwicklung dieser Strukturen aufmerksamer zu verfolgen und herauszufinden, wie solch eine Entwicklung gefördert werden könnte. Der Lehrer oder eine Hilfsperson können täglich zehn bis fünfzehn Minuten der Beschäftigung einer kleinen Gruppe von fünf oder sechs Kindern widmen und sich intensiv mit Problemen wie der eins-zu-eins-Entsprechung befassen. Während dieser Zeit kontrolliert und lenkt der Lehrer die Aktivitäten der Kinder und erforscht ihre Handlungen und Beweggründe. Auf diese Weise erfährt er, wie sich die Kinder mit dem jeweiligen Problem auseinandersetzen.

Das »klinische Interview«, wie es in Genf beim Testen von Kindern mit Hilfe von *Piaget*-Aufgaben verwendet wird, erweist sich als ein nützliches Verfahren; hier wird zunächst dem Kind der Stilismus gezeigt, dieser dann vom Interviewer auf irgendeine Art und Weise abgewandelt; man stellt dem Kind Fragen bezüglich dieser Transformation und läßt es seine Antworten begründen. Anhang 2 enthält Hinweise für derartige Interviews.

Der Lehrer kann sich bei seiner Arbeit mit kleinen Gruppen von Kindern des klinischen Interviewverfahrens bedienen. Jedes Kind erhält dabei Materialien, die es nach den Anweisungen des Lehrers handhabt; es ordnet beispielsweise Blumen in zwei Gruppen ein; in eine Gruppe von Gänseblümchen und eine von irgendwelchen anderen Blumen; es kann auch aus einer Reihe von Münzen so viele, wie nötig sind um zehn Spielzeugautos zu kaufen, herausnehmen, oder auch Blumentöpfe in aufsteigender Größenordnung aufstellen. Bei all diesen Aktivitäten muß das Kind erklären, was es tut und warum.

Wenn das Kind einen Fehler macht, so wird es von der Lehrerin weder darauf aufmerksam gemacht, noch wird ihm gesagt, wie der Fehler behoben werden könnte; wie *Piaget* meint, bedeutet dem Kind etwas *sagen* nicht auch es lehren oder überzeugen. Das *Kind* muß die Daten durch Umkehrung seiner Handlung oder durch Zusammenstellung von Teilen zu einem Ganzen oder durch andere logische Denkprozesse transformieren. Der Lehrer kann Vorschläge bezüglich der Handhabung der Materialien machen, um den Transformationsprozeß zu fördern. Bei einer eins-zu-eins-Entsprechungsaufgabe kann das Kind aufgefordert werden, die Materialien so wie zu Beginn der Aktivität aufzureihen oder einer der Reihen einen Gegenstand hinzuzufügen oder aus einer anderen einen zu entfernen und die Reihen jedesmal mit Hilfe der geschaffenen physischen Entsprechung zu vergleichen.

Der Begriff Bereitschaft (readiness) spielt hier eine wesentliche Rolle. Sie hängt vom Stand des kindlichen Wissens ab. Manche Dinge müssen vor anderen gelernt werden, und schwierige Begriffe können nur auf Grund einfacher, schon erworbener Konzepte gebildet werden; der Lehrer muß wissen, daß Lernziele nur dann erreicht werden, wenn die richtigen Grundlagen dazu vorhanden sind. Bei einer eins-zu-eins-Entsprechung gehen physische oder visuelle Entsprechungen der Zahlerhaltung voraus.

Wenn das Kind nicht in der Lage ist zu erkennen, daß die Zahl der Gegenstände, unabhängig vom Raum, den sie einnehmen, erhalten bleibt, greift der Lehrer ein und regt die Kinder zu Aktivitäten an, die der Entwicklung des Zahlerhaltungsbegriffs förderlich sind. Wenn das Kind nun nicht in der Lage ist, physische Entsprechungen zu sehen und nicht erkennt, daß man eine Münze eintauschen muß, um einen Wagen zu erhalten und daß man bei jedem weiteren Wagen, den man erhalten will, eine weitere Münze geben muß, kann der Lehrer es mit einer einfacheren Tätigkeit versuchen: Er kann das Kind zum Beispiel auffordern, aus jeder Hand je eine Bohne in zwei verschiedene Gefäße fallen zu lassen und es dann fragen, ob die Zahl der Bohnen in dem einen Gefäß der der Bohnen im anderen entspricht.

Piaget machte uns darauf aufmerksam, daß der Lehrer die Denkprozesse des Kindes besser verfolgen kann, wenn er *Piaget*-Aufgaben mit ihm ausführt und dessen Reaktionen dabei genau registriert; dasselbe gilt für die bereits vorgeschlagenen Aktivitäten. So wird der Lehrer allmählich zu einem besseren und geschickteren Fragesteller; er würde dann auch die Gelegenheit wahrnehmen, den Kindern bei ihren selbstgewählten und selbstgeführten Aktivitäten durch instruktive Hinweise und Vorschläge behilflich zu sein. Eine tägliche, zehnminütige geistige Gymnastik fördert die Entwicklung der intellekturellen Fähigkeiten. Wenn es dem Lehrer gelingt, das in den strukturierten Lernperioden erworbene Wissen *während des ganzen Schultages,* bei allen Spielaktivitäten, sei es Malen, Tische schmücken, Bauen usw. zu vertiefen, so wird auch die Wahrscheinlichkeit größer, daß eine Verallgemeinerung des Denkkonzepts und der Transfer von Training möglich werden.

Die Verwendung bestimmter Materialien in den strukturierten Lernabschnitten gibt dem Lehrer Anregungen für zusätzliche Materialien, die für die unstrukturierten Aktivitäten herangezogen werden könnten; Dinge wie Bauklötze, Ton, Malkästen und Haushaltsgegenstände sind grundlegende Ausstattungselemente einer Vorschulklasse. Es sind aber auch eine Anzahl von Materialien zur Förderung der Begriffsentwicklung erforderlich. Begriffe wie Klassifikation, Erhaltung und Seriation werden vermutlich besser mit einer Reihe ganz unterschiedlicher Materialien erworben.

Nun stellt sich die Frage, wie ein solches Erziehungsmodell in die Wirklichkeit umgesetzt werden kann. Es soll daher eine Zusammenfassung der theoretischen Erkenntnisse *Piagets* folgen:

1. Die Intelligenz wächst durch die Zwillingsprozesse der Assimilation und der Akkomodation. Während des Assimilationsprozesses nehmen schon bestehende geistige Strukturen neue Erfahrungselemente auf; im Akkomodationsprozeß verändern sich die schon bestehenden Strukturen, um sich den neuen Elementen anzupassen. Gelegenheiten zu geeigneten Erfahrungen sollten geschaffen werden, um Assimilations- und Akkomodationsprozesse zu fördern.
2. Ein wesentlicher Faktor ist die Aktivität des Lernenden, denn nur wenn das Kind gezwungen wird, bei geistigen Aktivitäten über die bloße Wahrnehmung hinauszugehen, können sich geistige Strukturen verändern und folglich auch die Intelligenz wachsen. *Aktivität* ist hier verstanden als geistige Aktivität. In der Vorschule muß man jedoch zunächst von der Erforschung und der Manipulation konkreter Materialien ausgehen, um geistige Aktivität zu fördern.
3. Bei seinen Erforschungen und Manipulationen macht das Kind Entdeckungen, von denen manche falsch sind; nach einer bestimmten Zeit aber hat es durch den Assimilationsprozeß genügend Daten aus seiner Erfahrung erworben, um seine Denkfehler selbst zu verbessern. Das Kind sollte auf jeden Fall Feedback erhalten, damit es weiß, daß es sich auf dem richtigen Weg befindet. Wenn das Kind zum Beispiel die Aufgabe hat, einen Tisch mit Messer, Gabel und Löffel zu decken (und

zwar aus einer Position für die vor ihm befindliche und die gegenüberliegende Tischseite), kann es von der einen Seite des Tisches zur anderen gehen um festzustellen, ob es die Transformation richtig durchgeführt hat.

4. Die Rolle des Lehrers besteht darin, das Kind zu stimulieren und zu lenken. Es wäre falsch, auf Fehler direkt aufmerksam zu machen, ihm die richtige Antwort zu sagen und ihm bestimmte Reaktionsweisen beizubringen. Der Lehrer muß in die Fähigkeit des Kindes, *aus eigener Kraft* zu lernen, vertrauen, und es, wenn es Fehler macht, aufmerksam auf Aspekte machen, die seiner Aufmerksamkeit entgangen sind, oder geeignete Fragen stellen, um dem Kind mehr Daten zur Assimilation zu liefern; das Kind wird durch die Antworten anderer nicht zu überzeugen sein, sondern muß durch seine *eigenen* Handlungen überzeugt werden.

Eine Anzahl amerikanischer Schulen geht gegenwärtig nach einem Curriculum Piagetschen Typs vor und wir verfügen über einige Effektivitätsdaten. Eine Gemeinde in einem Vorort im Mittelwesten ging in ihren Vorschulen nach einem solchen Curriculum vor. Die Kinder in diesen Schulen gehörten niederen bis höheren sozio-ökonomischen Schichten an, die meisten aber waren Mittelschichtskinder. Die IQ-Werte *(Binet)* dieser Kinder rangierten von 82 zu 144 Punkten.

Sechzehn Kindergärten nahmen dieses Programm auf; 50 Kinder wurden zufällig aus diesen Schulen zur Experimentgruppe bestimmt. Diese Kinder wurden je nach ihrer sozio-ökonomischen Herkunft, ihrem Geschlecht und ihrem Lebensalter aufgeteilt und mit Kindern aus einer Kontrollgruppe von fünfzig Personen aus einer anderen Gemeinde mit den gleichen Voraussetzungen getestet und verglichen.

*Tabelle 2: Signifikanz der Mittelwert-Unterschiede zwischen Experimental- und Kontrollgruppen**

Test	Experimentalgruppe	Kontrollgruppe	Mittelwertunterschied	Signifikanz
Substanzerhaltung	3.14	2.77	0.37	n. s.**
Längenerhaltung	2.88	2.00	0.88	.01
Oberflächenerhaltung	1.88	1.80	0.08	n. s.**
Seriation	2.41	1.86	0.55	.01
Gesamtwert	10.31	8.43	1.88	.05

* Aus einem Bericht von *James M. Dunlap,* Coordinator Research and Testing, School District of University City, University City, Missouri, März 1966. ** n. s. = nicht signifikant.

Der Lehrer, der für die Experimentalgruppen verantwortlich war, führte je eine Gruppe von sechs Kindern in die einzelnen Aktivitäten ein. Er zeigte beispielsweise Matrixpuzzles und ließ die Gruppe solange an dieser Aufgabe arbeiten, bis jedes einzelne Kind mit dem Material richtig umgehen konnte; danach wurden die Matrixpuzzles in ein offenes Regal gestellt, damit sich die Kinder in ihrer freien Spielzeit wieder mit ihnen beschäftigen konnten. Eine Antwortkarte wurde vorbereitet und mit dem Puzzle in denselben Umschlag gelegt, damit das Kind seine Reaktionen auf ihre Richtigkeit hin überprüfen konnte.

Nachdem die Kinder den ersten Schritt gemeistert hatten, zeigte man ihnen weitere Verwendungsmöglichkeiten des Materials, die fortschreitend schwierigere logische Prozesse erforderten, und zwar wiederum in strukturierten Unterrichtsabschnitten mit kleinen Gruppen. (In manchen Fällen waren die zunehmenden Schwierigkeiten in die Materialien eingebaut, wie etwa bei den Matrixpuzzles.) Die strukturierten Lernabschnitte ermöglichten es dem Lehrer, auch die Fortschritte der Kinder genau zu registrieren und sie aufmerksamer auf Aspekte zu machen, die ihnen leicht entgangen wären. Alle Kinder nahmen zweimal in der Woche an solch einem strukturierten Kleingruppen-Unterricht fünf Monate lang teil.

Nach Ablauf der fünfmonatigen Trainingszeit, in der strukturierte wie auch unstrukturierte Lernaktivitäten betrieben wurden, wurden sowohl den Kindern aus der Experimentalgruppe als auch der Kontrollgruppe 5 *Piaget*-Aufgaben gestellt. Diese Aufgaben sollten den Transfer von logischen Denkfähigkeiten testen und unterschieden sich deshalb von denen, welche die Kinder bisher durchgeführt hatten, so daß man nicht behaupten konnte, sie wären in diesen Aufgaben trainiert worden.

Wie man aus Tabelle 2 ersehen kann, fielen die Ergebnisse aller fünf Tests zugunsten der Experimentalgruppe aus, und die Ergebnisse von zwei dieser Tests waren auf dem .01 Niveau signifikant.

Um einen maximalen Effekt zu erhalten, kann Sprachtraining mit Intelligenztraining kombiniert werden. Deshalb sollte man in den Kleingruppen-Sitzungen die Sprache zur Förderung der Kommunikationsfähigkeit der Kinder einsetzen; Sprache und Denken ist eine Voraussetzung für klare Ausdrucksfähigkeit, aber auch die Sprache ihrerseits kann dazu beitragen, unklare Gedanken zu erhellen. Im nächsten Kapitel wollen wir auf diese gegenseitige Beziehung von Denken und Sprache eingehen und uns fragen, welche Form von Sprachtraining mit dem Intelligenztraining gekoppelt werden könnte.

3. Sprach- und Intelligenztraining

Eine anerkannte Autorität auf dem Gebiet der Sprachforschung hat einmal gesagt, daß die Fähigkeit, Sprache zu erlernen, so stark im Menschen vorhanden ist, daß Kinder sie auch angesichts schwerwiegender Hindernisse erwerben. Mögen die grammatischen Regeln, die manche dieser Kinder befolgen, auch weit von der Standardsprache entfernt sein: Sogar Kinder aus verarmten und disorganisierten Familien kennen und gebrauchen bei Eintritt in den Kindergarten dennoch alle Satzteile. Gerade durch die Fehler, die sie gelegentlich machen, zeigen sie, daß sie die Regeln kennen. Wenn ein Kind anstatt »ging« »gehte« sagt, offenbart es die Kenntnis einer unserer Imperfekt-Regeln; nur weiß es noch nichts von den vielen Ausnahmen der Regel.

Aber trotz der natürlichen Sprachbefähigung des Kindes und trotz seiner bemerkenswerten Fortschritte auf diesem Gebiet innerhalb von wenigen Jahren brauchen Kinder Hilfe beim effektiven Umgang mit Sprache, d. h. um ihre Gedanken und Vorstellungen klar auszudrükken. Wir müssen uns deshalb fragen, welchen Platz das Sprachtraining im Curriculum der Vorschule und insbesondere in dem zur Förderung der Intelligenz einnehmen soll. Trägt die vollkommene Sprachbeherrschung zum klaren Denken nun bei, oder ist klares Denken eine Voraussetzung der klaren Ausdrucksfähigkeit? Können wir die Intelligenz von Kindern besser fördern, indem wir ihnen Sprachtraining angedeihen lassen? Über diese Fragen sind Psychologen und Erziehungspraktiker geteilter Meinung.

Für *Piaget* liegt der Sprache das Denken zugrunde, das heißt Sprache ist die Form von Logik, deren das Kind fähig ist und die es in Worte kleidet. So fand *Piaget* bei seinen empirischen Studien über die Entwicklung von Sprachprozessen in der frühen Kindheit heraus, daß hier dieselben charakteristischen Merkmale wie beim prä-operationellen Denken vorhanden sind.

In diesem Zusammenhang ist *Piagets* Studie (1967) über die Entwicklung der Kausalität interessant. Er beschreibt hier drei Entwicklungsstufen der kausalen Denkfähigkeit des kleinen Kindes. Auf der ersten Stufe neigt das Kind dazu, *finalistische* Erklärungen zu geben; das heißt, Naturphänomene verfolgen in seinen Augen einen bestimmten Zweck. Fragt man es, warum das Wasser abwärts fließt, sagt es: »weil es in den See fließen muß«. Auf der zweiten Stufe sind die Erklärungen *dynamistisch;* das Kind verleiht dem Wasser eine Art von Belebtheit und wenn es abwärts fließt, dann deshalb, »weil es beweglich ist«. Später gibt das Kind auf der dritten Stufe *mechanistische* Erklärungen: Wasser fließt abwärts, »weil es schwer ist«, oder »weil es von der Schwerkraft der Erde angezogen wird«. Zu beachten ist, daß das Wort »weil«in allen drei Erklärungen auftaucht, was nicht besagt, daß das Kind immer genaue Kausalzusammenhänge begreift; es benützt dieses Wort sehr unverbindlich, um eine Beziehung zwischen Gedanken anzudeuten, die miteinander im Kausalzusammenhang stehen, dies jedoch nicht müssen.

Aus *Piagets* theoretischem Ansatz ließe sich die logische Schlußfolgerung ziehen, daß die Gedanken durch Worte dann klarer ausgedrückt werden könnten, wenn die Gedanken selbst zunehmend logischer werden. Jedoch *scheinen* Denken und Sprache *doch* miteinander zu interagieren. Wir stellen oft bei der Suche der richtigen Worte fest, daß unsere Gedanken einen Teil ihrer Verschwommenheit verlieren und zunehmend klarer und logischer werden; deshalb wird uns selbst auch ein schwieriger Begriff klarer, wenn wir versuchen, ihn anderen zu erklären. Wir werden gezwungen, auf unser Denken einzuwirken, um Widersprüche aufzuheben und uns anderen unmißverständlich mitzuteilen. *Vygotsky* meinte, daß Denken und Sprache aufeinander bezogen seien. Sprache ist die »Handlangerin des Denkens«, aber das Denken dient auch seinerseits der Sprache. Nun stellt sich die Frage, ob diese zwei einander widersprechenden Standpunkte miteinander versöhnbar sind und ob diese neue Lösung auf das Sprachtraining angewendet werden könnte.

In den letzten Jahren erlangte der gesamte Aspekt des Sprachtrainings in den Erziehungsprogrammen für die frühe Kindheit ungeheuere Bedeutung. Der Unterricht wird in der Schule durch die Sprache vermittelt, und die Kinder, die diese Sprache nicht hinreichend beherrschen, werden Schwierigkeiten im Lernen haben. Besonders benachteiligt sind hier Kinder aus unteren Gesellschaftsschichten; standardisierte Tests, die über die Schulleistungen von Kindern informieren, zeigen, daß diese mit der sozio-ökonomischen Herkunft der Kinder korrelieren. Je niedriger die soziale Klasse, desto größer ist die Zahl der Schüler, die unterdurchschnittliche Testwerte haben. Diese verminderte Leistungsfähigkeit wird besonders beim Lesen deutlich; benachteiligte Schüler aus siebten und achten Klassenstufen, deren Testwerte Schülern der dritten Klasse entsprechen, sind durchaus keine Seltenheit. Für diese niederen Testwerte wurden zahlreiche Faktoren verantwortlich gemacht: schlechte Lehrer unter anderem, auch der geringe Wunsch in der Schule vorwärtszukommen und sehr häufig auch das ungenügende Sprachvermögen. Hier stellt sich nun die Frage, ob Sprach- mit Intelligenztraining gekoppelt werden kann, um diese Defizite aufzuheben.

3.1. Die Natur des Sprachdefizits

Wir wissen heute noch nicht, welcher Faktor des Sprachdefizits das Unterschichtskind in seiner schulischen Leistungsfähigkeit beeinträchtigt. Man ist sich im allgemeinen darüber einig, daß das benachteiligte Kind über einen kleineren Wortschatz verfügt als das Mittelschichtskind und daß es die Umgangssprache spricht. Man kann sich aber über die Meinung, ob der Umfang des Wortschatzes oder die Umgangssprache die Lernfähigkeit in der Schule beeinträchtigen, streiten; es heißt nicht, daß ein Kind, das keine fünf Synonyme für »schön« angeben kann und »er tun Dinge« sagt, auch im schulischen Lernen behindert sein muß. Man nimmt im allgemeinen eher an, daß durch den Dialekt bedingte Sprachunterschiede, die sowohl die Syntax als auch die Aussprache betreffen, das Lesenlernen erschweren können. Man vermutet, daß ein Kind, das eine unklare Aussprache hat, auch Schwierigkeiten beim Erlernen bestimmter Aussprachsregeln haben wird. Noch größere Unterschiede wird das Kind vorfinden, dessen Syntax sich grundsätzlich von dem der Standardsprache unterscheidet. Dem Kind, das »das mein« sagt, wird die Formulierung »dies ist mein« in seinem Übungsbuch wenig sagen.

Mindestens ein Forscher *(De Boeuf,* 1969) versuchte festzustellen, welche Abweichungen in der Aussprache möglicherweise das Lesen erschweren. Eine Hypothese besagt, daß nur solche Abweichungen, welche den Sinn des Wortes oder des Satzes ändern, eine Rolle spielen. Im Dialekt werden die Schlußkonsonanten entweder weggelassen oder vereinfacht. Bei einer Flexion des Schlußkonsonanten kann sich der Sinn des Wortes ändern, wenn der Konsonant durch einen anderen ersetzt wird oder wegfällt. Auf der anderen Seite gibt es manche Abweichungen, die nichts am Sinn eines Wortes ändern.

Es kommt ja außerdem auch vor, daß manche Wörter (z. B. Homonyme) ohnehin nur aus dem Kontext erschlossen werden können.

Wir wissen heute noch nicht, ob die Kinder, die einen Dialekt sprechen, nur eine andere oder eine größere Reihe von Homonymen zur Verfügung haben; wenn letzteres der Fall ist, bedeutet die Aussprache eine zusätzliche Last für das Kind. Vorschulen sind heute bestrebt, durch den Dialekt bedingte Unterschiede in der Aussprache zu beseitigen, um den Kindern das Lesen in der ersten Klasse zu erleichtern. Um aber hier ein gezieltes Förderungsprogramm einsetzen zu können, brauchen wir zunächst mehr Forschungsmaterial zu diesem speziellen Aspekt.

Das Voruteil gegenüber Personen, die einen Dialekt sprechen und gegen die Regeln einer Standardgrammatik verstoßen, schafft ein zusätzliches Problem. Man sagt, wer voll und ganz zur Gesellschaft gehören möchte, müsse auch die Hochsprache beherrschen. Andererseits verlieren Personen, die zur Hochsprache umschwenken, oft den Anschluß an ihre Primärgruppe.

Während man sich im allgemeinen einig darüber ist, daß der Dialekt ein soziales Problem darstellt, gehen die Ansichten darüber, ob die Dialekte, die nicht die Regeln der Standardgrammatik befolgen, den Denkprozeß erschweren können, noch auseinander. Man nimmt im allgemeinen an, daß solch ein Dialekt eine einfachere Sprachform darstellt und deshalb für das Denken nicht sehr förderlich ist. Diese Tatsache wird aber von den Psycholinguisten bestritten.

Klima untersuchte in seinem Aufsatz über die »Inter-Relatedness of Grammatical Systems« das literarische Englisch, das gesprochene Englisch Churchills und zwei Dialekte; dabei ging er jedesmal von den grammatischen Regeln aus, die für das jeweilige grammatische System zutreffen. Er zeigte, daß sich die einzelnen Regeln nicht in ihrer Schwierigkeit voneinander unterscheiden, sondern daß es verschiedene Ordnungsformen gibt.

Die meisten europäischen Länder haben Regionaldialekte, die sich sowohl in der Aussprache, als auch in der Grammatik von der Standardsprache unterscheiden. Die Kinder in diesen Ländern erwerben die Schriftsprache in der Schule und geben ihren Dialekt trotzdem nicht auf. Sie verwenden ihn außerhalb der Schule. Dieser Tatsache schenkt niemand größere Beachtung, da der regionale Dialekt die Lernfähigkeit des Kindes in keiner Weise beeinträchtigt.

Es gibt in dieser Frage der Dialektunterschiede noch eine ganze Reihe von ungelösten Problemen; man kann noch nicht endgültig sagen, ob solche Unterschiede die kognitive Entwicklung beeinträchtigen; auch weiß man noch nicht eindeutig, ob benachteiligte Kinder, die einen Dialekt sprechen, in einem Sprachmilieu aufwachsen, das reich genug ist, um eine normale Entwicklung *ihrer Dialektsprache* zu garantieren. Man muß sich auch die Frage stellen, ob ein Dialekt, der nur von einer Minderheit der Bevölkerung richtig verstanden werden kann, jemals ein effektives Kommunikationsmittel darstellen kann.

Viele Fachleute sind der Meinung, daß es wohl möglich sei, daß Kinder zuhause und mit denen, die genauso wie sie sprechen, sich über den Dialekt verständigen, aber daneben auch das Standardenglisch beherrschen. Die Schulen brauchen nicht mit drastischen Mittel gegen den Dialekt vorzugehen, aber sie können das Erlernen des Standardenglisch fördern. Man ist jetzt immer mehr der Meinung, daß das Unvermögen des Kindes, seine Sprache effektiv in der Schule einzusetzen, das schulische Lernen eher beeinträchtigt, als der Gebrauch eines Dialektes. Fordert man ein solches Kind nämlich auf, Anweisungen zu folgen, an Gesprächen teilzunehmen, zwei Gegenstände oder Vorgänge miteinander zu vergleichen, zu klassifizieren oder Rückschlüsse zu ziehen, so kommt es meist in große Verlegenheit; dies beweist, daß es nicht fähig ist, Sprache in den Dienst kognitiver Prozesse zu stellen.

Es bestehen zahlreiche Theorien über dic möglichen Gründe dieses kognitiven Unvermögens. In einer frühen Forschungsarbeit stellt *Milner* (1951) die These auf, daß die kognitive Entwicklung des Kindes wesentlich von der jeweiligen Situation in der Familie abhängt; in Familien etwa, in denen das Kind mit zwei verschiedenen Sprachebenen konfrontiert wird, entwickeln sich seine geistigen Fähgkeiten anders als in Familien mit nur einem Sprachmuster. *Milner* untersuchte zwei Gruppen von Negerkindern (schwache und gute Kinder) nach den Kriterien des kalifornischen Reifetests *(California Test for Mental Maturity).* Sie untersuchte verschiedene Formen der Interaktion zwischen Eltern und Kind und verzeichnete wesentliche Unterschiede bei beiden Gruppen. Die Kinder, bei denen hohe Testwerte verzeichnet wurden, kamen aus Familien, die Mahlzeiten zusammen einnahmen und sich dabei auf zwei Sprachebenen unterhielten, was bei den Familien der Kinder mit niederen Testwerten nicht der Fall war. Die von *Milner* beschriebenen Unterschiede hingen gewöhnlich mit sozio-ökonomischen Unterschieden zusammen. Deshalb werden disorganisierte Unterschichtsfamilien eher durch die Familienmodelle, die *Milner* in ihren Tests bei Kindern mit niederen Werten herausfand, charakterisiert.

Bernstein (1961) behauptet in mehreren provozierenden Aufsätzen, daß Unterschichtseltern über einen »begrenzten« Code verfügen, während Mittelschichtseltern »elaborierte« Ausdrucksmöglichkeiten haben. Im ersten Fall werden nur kurze und grammatisch einfach gebaute Sätze verwendet, kaum Nebensätze, Adjektive und Adverbien; es werden auch häufig unlogische Aussagen gemacht, und der Sprecher bemüht sich wenig, klare Beziehungen aufzustellen, da er es für selbstverständlich hält, daß der Zuhörer weiß, wovon er gerade redet. Einige charakteristische Merkmale des restingierten Sprachgebrauchs sind:

1. Kurze, grammatisch einfach gebaute, oft unvollständige Sätze mit dürftiger Syntax und Betonung des Aktivs.
2. Einfacher und sich wiederholender Gebrauch von Konjunktionen (so, dann, und, weil).
3. Häufiger Gebrauch kurzer Fragen und Befehle.
4. Starrer und begrenzter Gebrauch von Adjektiven und Adverbien.
5. Gelegentlicher Gebrauch von unpersönlichen Fürwörtern als Subjekten von Bedingungs- und Hauptsätzen (man, es).
6. Fragen implizierende Feststellungen, die eine »sympathetische Zirkularität« in Gang bringen, wie z. B. »Stell dir das mal vor!«, »Wie sollte es auch anders sein!«, »Es war nicht zu fassen!«

7. Tatsachen werden oft sowohl als Ursache wie auch als Ergebnis dargestellt, oder, etwas genauer, die Begründungen und Folgerungen werden derart vermengt, daß eine kategorische Behauptung entsteht, wie z. B. »Tu, was ich dir sage!«, »Halt dich fest!«, »Du gehst nicht weg!«, »Laß das!«
8. Individuelle Auswahl aus einer Gruppe idiomatischer Wendungen kommt häufig vor.
9. Angewandte Symbole weisen eine niedrige Allgemeinheitsstufe auf.
10. Die individuelle Qualifikation liegt implizit in der Satzungsorganisation: Es ist eine Sprache impliziter Bedeutungen. Man muß annehmen, daß diese Tatsache die Sprechformen determiniert.

Es ist klar, daß diese Aspekte es dem Kind nicht einfach machen werden, den geistigen Anforderungen der Schule zu genügen; deshalb sollte in einem speziellen Trainingsprogramm die klare Kommunikation von Gedanken, auf die besonders die Punkte 4, 7 und 10 hinweisen, geübt werden.

Hess und Shipman (1968) untersuchten Lehrstile von Eltern, um festzustellen, welchen Einfluß diese auf die Sprachentwicklung ihrer Kinder haben. Mütter und Kinder (alle Neger) aus mittleren und unteren Gesellschaftsschichten wurden in das Labor des Forschungszentrums für frühe Erziehung der Universität von Chicago gebracht, wo jede Mutter aufgefordert wurde, ihrem Kind einen bestimmten Stoff beizubringen. Dabei wurden der Ablauf des Unterrichts sowie die Art der Informationsvermittlung und andere Variablen genau analysiert.

In diesen Aufgaben sollten Gegenstände in Klassen eingeordnet werden und dabei die Kriterien, nach denen klassifiziert werden sollte, erklärt werden. Die Mütter hätten die Informationen klar und deutlich vermitteln müssen, wenn sie effektiv sein sollten. Die Unterrichtsmethoden mancher Mütter waren jedoch schlecht organisiert oder unvollständig. Manche sagten einfach »das ist nicht richtig«, wenn das Kind einen Fehler machte, und ließen es im dunkeln darüber, wie es weiter verfahren sollte. Es gab wiederum andere Mütter, die Hinweise gaben, wie ein Fehler richtiggestellt werden konnte und sagten: »Nein, schau, auf diesem Block steht O und auf diesem X. Du willst doch nicht die Os und die X durcheinanderbringen, deshalb mußt du diesen Block zu denen stellen, die auch mit O bezeichnet sind«. Die Kinder solcher Mütter waren bei der Ausführung der Aufgaben erfolgreicher als jene, deren Mütter Information nicht präzise genug vermitteln konnten, weshalb die Kinder nicht immer genau wußten, was als nächstes zu tun war.

Außerdem lobten und ermutigten erfolgreiche Mütter ihre Kinder, um sie zu motivieren, anstatt sie zu kritisieren und zu kontrollieren. Die zwei verschiedenen Methoden werden im folgenden kurz aufgezeigt:

1a »Ich möchte Dir noch ein anderes Spiel zeigen.«	1b »Es gibt hier noch etwas anderes, das du noch lernen mußt, setze Dich also hin und paß auf.«
2a »Nun höre Mammi aufmerksam zu und paß auf, was ich mache, denn ich möchte dir zeigen, wie wir dieses Spiel spielen.«	2b »Paß jetzt auf, wie man es richtig macht, weil du es später der Dame zeigen mußt.«
3a »Nein Johnny, dies ist ein großes Stück. Merke Dir, daß wir die großen von den kleinen getrennt halten müssen.«	3b »Nein, so habe ich es dir nicht gezeigt. Stelle das zu den großen, wohin es auch gehört.«
4a »Warte mal Johnny. Du mußt Dir den Block genau anschauen, bevor du ihn irgendwohin stellst. Nun hebe ihn auf und sieh ihn Dir an. Ist er groß oder klein? ... Jetzt stelle ihn dahin wo er hingehört.«	4b »Das gehört nicht dahin. Du rätst bloß! Ich versuche Dir zu zeigen, wie du es machen mußt und du stellst die Dinge irgendwohin. Nun hebe es auf und mache es noch einmal, paß aber auf, daß Du nicht wieder Blödsinn machst.«
5a »Nein, wir können jetzt noch nicht aufhören, Johnny. Mrs. Smith möchte, daß ich Dir zeige, wie man es macht, damit Du es dann ihr zeigen kannst. Wenn Du jetzt genau aufpaßt und siehst, was Mammi macht, kannst Du es lernen und es ihr dann zeigen. Dann hast Du noch ein wenig Zeit zum Spielen.«	5b »Jetzt trödelst Du schon wieder herum, und Du weißt auch immer noch nicht, wie man es macht. Möchtest Du, daß ich die Dame rufe? Hör schleunigst auf, herumzualbern, sonst rufe ich die Dame zu Dir her, und dann kannst Du schauen, ob Dir das besser gefällt.«

Man beachte, daß die erfolgreichen Mütter die Aufgaben reizvoll für ihre Kinder erscheinen ließen und nicht als eine Pflicht, wobei die Mutter selbst als Unterstützer und nicht als unpersönliche oder primitive Autoritätsperson fungierte. Affektives Verhalten der Mutter trägt zu ihrer Effektivität als Lehrer bei.

Hess und Shipman führen das unterschiedliche Lehrverhalten der Mütter auf soziale Klassenunterschiede zurück. Alle Mütter in der Untersuchungsgruppe waren Negerinnen, kamen aber aus vier verschiedenen sozialen Schichten. Die einen waren berufstätige Akademikerinnen mit Exekutiv- und Managerfunktionen; die zweite Gruppe bildeten die gelernten, die dritte die angelernten Arbeiterinnen; zuletzt kam die Gruppe von Frauen aus den untersten Schichten. Mütter aus den unteren Klassenschichten, die wenig Schulbildung genossen hatten und die niedrigsten IQ-Werte verzeichneten, hatten den geringsten Erfolg bei der Unterrichtung ihrer Kinder, während die Mütter aus der mittleren Gesellschaftsschicht den größten Erfolg erzielten. Aus dieser

Tatsache kann man auch unschwer ableiten, welche Kinder in der Schule mit mehr Erfolg lernen werden. Obwohl uns noch keine vergleichenden Studien über Lehrerverhalten zur Verfügung stehen, können wir annehmen, daß sich auch Lehrer in ihrer Fähigkeit, Informationen klar und deutlich zu vermitteln und den Kindern bei der Lösung ihrer Aufgaben behilflich zu sein, stark unterscheiden.

An dieser Stelle soll noch eine Untersuchung über die Bedürfnisse von Unterschichtskindern erwähnt werden. *Moore* (1969) befaßte sich mit der Literatur über subkulturelle Sprachunterschiede bei Kindern; dabei ergaben sich zwei Probleme, die wesentlich zu den Lernschwierigkeiten von Unterschichtskindern beitragen. Das eine ist die Unfähigkeit des Kindes, eine »Bezugssprache« zu verwenden, die mit Hilfe von geeigneten Bestimmungen der Aussage ihren eindeutigen Sinn gibt; das andere Problem besteht in der Unfähigkeit des Kindes, Sprache »abstrakt« zu verwenden, das heißt über Gegenstände und Vorgänge zu sprechen, die nicht gegenwärtig sind, so daß die Sprache die Hauptlast der Kommunikation zu tragen hat.

Es ist klar, daß hier die Schulen eine Heilfunktion ausüben müssen, um den vielen Unterschichtskindern mit ungenügendem Sprachtraining helfen zu können. Aber auch Mittelschichtskinder benötigen Hilfe. Auch wenn sie die Hochsprache sprechen, können sie unfähig sein, Gedanken adäquat in Worte zu kleiden, sie in einen logischen Zusammenhang zu stellen, ein Subjekt durchzuhalten und Handlungen zu begründen. Man sollte den Kindern hier helfen, Gegenstände und Vorgänge genau beschreiben zu lernen und Handlungen und Phänomene logisch zu erklären. Es genügt auf keinen Fall, den Wortschatz und die grammatischen Kenntnisse des Kindes zu erweitern. Es geht darum, daß die Sprache Gedanken aufnehmen und weitervermitteln kann. Diese Sprache ist ja, wie schon erwähnt, eng an das Denken gebunden; denn das Kind soll logischer in seinem Denken werden und die Gedanken in adäquater Form darzustellen vermögen. Nun sollen das Verhältnis von Sprache und Denken und die Rolle des Sprachtrainings bei der Entwicklung der logischen Denkfähigkeit – Fragen mit denen wir begannen – ausführlicher erörtert werden; dies bedarf einer weiteren Ausführung von *Piagets* Theorie.

3.2. Das Verhältnis von Logik und Sprache

Zwei wesentliche Aspekte, die sich bei *Piaget* und *Inhelder* bezüglich des Verhältnisses zwischen Logik und Sprache ergaben, sollen im folgenden näher ausgeführt werden *(Sinclair,* 1969):

1. Für das Auftreten logischer Operationen ist in erster Linie nicht die

Sprache verantwortlich, sondern die Tätigkeiten des Kindes, mit denen es auf Gegenstände und Vorgänge seiner Umwelt während seiner sensomotorischen Periode einwirkte. *Piaget* zitiert hier das Beispiel eines Säuglings, der nach einer Uhrkette sucht, die, wie er beobachtete, unter ein erstes, dann ein zweites, ein drittes und schließlich ein viertes Kissen gelegt wurde. In einer bestimmten Entwicklungsphase sucht das Kind zunächst unter dem Kissen, worunter die Kette beim ersten Mal gelegt wurde und sucht unter den Kissen solange weiter, bis es die Kette findet. Allmählich erkennt es, direkt, ohne die dazwischenliegenden Schritte zu unternehmen, wie es zum richtigen Kissen gelangen kann. Durch solche Aktivitäten lernt es, daß es mehrere Wege zum selben Ziel gibt, womit die Grundlage für die logische Operation der Assoziativität gelegt wird. Indem das Kind dann die Uhrkette unter einem der Kissen entfernt und wieder unter das erste legt, wird die Grundlage für die logische Operation der Reversibilität gelegt. Viele ähnliche Tätigkeiten bilden die Grundlage logischer Operationen in den ersten 18 Monaten; es ist hierbei zu beachten, daß diese logischen Denkprozesse während einer Zeit auftreten, in der die Entwicklung der Sprache noch kaum eingesetzt hat.

2. Die Sprachentwicklung setzt dann ein, wenn die Tätigkeiten im Denken repräsentiert werden. So stellen repräsentatives Denken und Sprache die zwei Bestandteile eines größeren Komplexes von Prozessen mit symbolischer Funktion dar. Das Kind lernt allmählich, die Wirklichkeit mit Hilfe von Symbolen oder Zeichen, die aus Worten, Bildern oder Nachahmungen bestehen können, darzustellen.

Die Sprachentwicklung, die der sensomotorischen Periode folgt, schreitet sehr rasch voran. Diese Sprache und die dargestellten Gedanken werden aber nach *Piaget* nur dann klarer, wenn das Denken des Kindes logischer wird.

Andererseits ist aber auch *Piagets* Standpunkt zweideutig. Nach der Feststellung nämlich, daß Sprache nicht ursächlich verantwortlich für die grundlegende kognitive Entwicklung ist, behauptet *Piaget,* daß die Sprache doch dazu beitragen könnte, »eine Transformation des Denkens dadurch zu leisten, daß sie ihm hilft, sein Äquilibrium durch eine fortgeschrittenere Schematisierung und eine beweglichere Abstraktion herzustellen«. *Piaget* weist auch darauf hin, daß, obwohl der Grundstein für die Intelligenz durch Tätigkeiten und sensomotorische Mechanismen gelegt wird, »die Sprache dennoch zur Förderung verfeinerter Denkstrukturen nötig ist«. So stellt die Sprache eine notwendige aber nicht ausreichende Bedingung für die Konstruktion logischer Operationen dar. *Piaget* fügt noch hinzu, daß »Klassifikationsstrukturen ständig durch die syntaktische Struktur der Sprache verstärkt werden«.

Vygotsky (1962) gesteht Sprachprozessen bei der Entwicklung kognitiver Fähigkeiten eine größere Bedeutung zu als *Piaget*. Obwohl er davon ausgeht, daß Denken und Sprache unabhängig voneinander im Nervensystem entstehen, setzt er voraus, daß sich die zwei Systeme bei der Entwicklung der inneren Sprache vermischen und daß komplexes, logisches Denken von der verinnerlichten Sprache abhängt. Er beschäftigte sich mit der Frage, »wie eine Funktion, die durch Kommunikation entsteht und zunächst von jeweils zwei Personen ausgeführt wird, die ganze Aktivität des Kindes restrukturieren und allmählich zum komplizierten, mittelbaren Funktionssystem, das die Struktur seiner geistigen Prozesse bestimmt, werden kann«. *Vygotskys* besonderer Standpunkt regte russische Wissenschaftler zu zahlreichen Untersuchungen über die Entwicklung und Funktion der »inneren Sprache« an. Diese Vorstellung von einer inneren Sprache geht bis mindestens auf das Jahr 1863 zurück, als *Sechenov* schrieb, daß »ein Kind beim Denken auch unweigerlich spricht. Die Gedanken eines Fünfjährigen werden durch Worte oder Flüstern vermittelt« (*Slobin,* S. 130). *Flavell* testete mit Mitarbeitern (1966) die Beziehung zwischen innerer Sprache und kognitiver Leistung und berichtete von einigen Erfolgen beim Versuch, das Gedächtnis durch Förderung der inneren Sprache zu bessern.

Der »gesunde Menschenverstand« sagt uns, daß Denken und Sprache aufeinander bezogen und voneinander abhängig sind; deshalb werden Kinder auch häufig in der Schule aufgefordert, »laut« über ein Problem, mit dem sie nicht fertig werden, »zu denken«, damit die Gedanken bei der Suche nach den richtigen Worten einiges von ihrer Verschwommenheit verlieren und klarer und deutlicher werden. Man rät Kindern auch oft, einen Gedankengang, den sie nicht verstehen, einem anderen zu erklären zu versuchen, da Gedanken durch sprachliche Formulierung einsichtiger werden. Beim Versuch, Gedanken anderen weiterzuvermitteln, wird man gezwungen, auf die Gedanken einzuwirken und Widersprüche aufzuheben, so daß die Kommunikation der Ideen eindeutig und klar verständlich erfolgen kann; wie *Piaget* (1964) bemerkte, »weiß niemand besser als ein Professor, daß man am besten etwas lernen kann, wenn man es anderen zu lehren versucht«.

Wir haben schon auf die wichtige Fähigkeit hingewiesen, Sprache für kognitive Erfordernisse einzusetzen, das heißt, Vergleiche aufzustellen, Schlüsse zu ziehen, die Zusammenhänge von Ursache und Wirkung zu erkennen, über Dinge und Ereignisse, die zum jeweiligen Zeitpunkt nicht vorhanden sind, zu sprechen und Klassen aufzuspalten und wieder zusammenzusetzen. Für die Darstellung jeder dieser geistigen Operationen ist die Anwendung einer bestimmten syntaktischen Struktur erforderlich. Ein Training in der richtigen Verwendung der

Syntax in der jeweiligen Situation wird diese Operation »nicht lehren«, sie *kann* aber zur *Unterstützung* einer Operation, die als Folge von Selbstaktivitäten, die in einem Trainingsprogramm zur Beschleunigung logischer Denkprozesse einbezogen sind, beitragen. Manche Wissenschaftler wie *Wohlwill* und *Smedslund* etwa, haben immer wieder *nicht signifikante* Resultate bei gewissen Trainingsverfahren zur Förderung der Erhaltungs-Operationen erzielt, aber jeweils eine *Tendenz zu* positiven Resultaten festgestellt. Nun stellt sich die Frage, ob diese Tendenz verstärkt werden kann durch Trainingsverfahren, zum adäquaten Gebrauch syntaktischer Strukturen, die ihrerseits zur Föderung der logischen Operationen, in denen man trainiert wird, dienen sollen, wenn dieses Training nicht selbständig betrieben, sondern an Programme angeschlossen wird, die sich schon zum Teil als effektiv herausgestellt haben. Weiter müssen wir uns fragen, ob ein Zusatztraining in syntaktischen Strukturen während des Trainings von Klassifikations- und Seriationsoperationen eine signifikante Änderung im Übergangsalter bewirken könnte.

Sinclair (1969) beschrieb eine Reihe von Experimenten, die zu ermitteln suchten, ob kleine Kinder, die sich in ihrer Fähigkeit, mit dem Erhaltungsbegriff umzugehen, von anderen unterschieden, sich auch bei der Beschäftigung mit Sprachaufgaben anders verhalten würden. Sie stellte fest, daß sich die Kinder bei der Lösung von Verständnisaufgaben gleich verhielten; sie verstanden die Aufforderung: »Suche einen Bleistift, der *länger* und *dünner* ist«. Als die Kinder jedoch aufgefordert wurden, Mengen zu beschreiben und den Komparativ dabei zu verwenden, ergaben sich Unterschiede zwischen Kindern, die den Begriff Mengenerhaltung besaßen und denen, die ihn nicht hatten; diejenigen nämlich, die den Begriff nicht besaßen, neigten eher dazu, absolute Formen wie *eine Menge* und *ein wenig* anstatt komparative wie *mehr als* und *weniger als* zu gebrauchen. *Sinclair* stellte weiter fest, daß die Kinder, die den Mengenerhaltungsbegriff nicht besaßen, keinen Unterschied in der Bezeichnung der zwei Größendimensionen machten (ein Kind zum Beispiel verwendete *breit* für »lang« *und* »dick«) und vier einzelne Sätze bildeten, um zwei Gegenstände in zwei Dimensionen zu beschreiben. Sie sagten: »Dieser Farbstift ist *lang*. Der andere ist *kurz*. Dieser Bleistift ist *dick*. Der andere ist *dünn.«*. Die Kinder jedoch, die den Begriff der Mengenerhaltung besaßen, konnten die zwei Dimensionen in einem einzigen Satz beschreiben und benötigten deshalb auch nur zwei Sätze zur Beschreibung beider Gegenstände. Sie sagten etwa: »Dieser Farbstift ist *lang* aber *dünn*. Der andere ist *kurz* aber *dick«*.

Sinclair berichtet auch von Versuchen, Kindern ohne Erhaltungsbegriff differenzierte Termini beizubringen, was sich als eine leichte

Aufgabe erwies. Schwieriger war es, ihnen Komparative (mehr, weniger) beizubringen, und als noch schwieriger erwiesen sich Gleichordnungen *(lang und/aber dünn, kurz und/aber dick)*. Hier ihre Schlußfolgerungen *(Sinclair-de-Zwart,* 1969, S. 324–325):

(a) Es muß zwischen dem Erwerb von Wörtern und dem Erwerb syntaktischer Strukturen – letztere kommen der operationalen Stufe näher als erstere – unterschieden werden. Operator-ähnliche Wörter *(mehr, weniger, so viel wie, kein)* bilden eine eigene Gruppe, die, richtig angewendet, auch zur Förderung von Operationen beitragen kann. Die anderen lexikalen Termini *(lang, kurz, dünn, dick, hoch, niedrig)* sind viel weniger eng an die Operativität gebunden.

(b) Operationales und linguistisches Strukturieren, oder besser: linguistisches Restrukturieren, sind parallele Prozesse. Die lexikalen Elemente werden schon auf der prä-operationalen Stufe verwendet oder können hier zumindest leicht erlernt werden; Gleichordnungen und Operator-ähnliche Wörter werden nur in einfachen Situationen richtig »verstanden«; letztere werden erst nach dem Auftreten der ersten operationalen Strukturen genau und regelmäßig gebraucht. Im großen und ganzen ähneln die Schwierigkeiten bei der Verwendung dieser Ausdrücke jenen, denen das Kind bei der Entwicklung der Operationen selbst begegnet, nämlich einem Mangel an Dezentrierung und einer Unfähigkeit zu koordinieren.

(c) Verbales Training macht die Kinder, die den Erhaltungsbegriff nicht besitzen, aufmerksam auf wichtige Aspekte des Problems (Kovarianz der Dimensionen), aber es trägt nicht an sich zum Erwerb von Operationen bei.

Sinclair kommt zu der Schlußfolgerung, daß die Sprache nicht die Quelle der Logik ist, sondern daß sie eher durch die Logik geformt und strukturiert wird. Sie meint, »daß die Art und Weise, in der sensomotorische Schemata, die zu praktischen Gruppen koordiniert sind, in Operationen umgeformt werden, auch bestimmt, wie linguistische Strukturen erworben werden« (1969, S. 333). Dies würde besagen, daß linguistische Strukturen notwendig durch ein sensomotorisches System unterstützt werden müßten. Dem würden wir auch zustimmen. Der Sinn von Wörtern wie *auf, unter, mehr, weniger,* Beiordnung, Konditional usw. wird durch das sensomotorische System erworben. Diese Schlußfolgerung gibt aber auch Anlaß zur Frage, ob Sprachtraining, insbesondere Syntaxtraining, zur Entwicklung logischer Operationen beitragen kann, wenn es mit der Aktivität des Kindes kombiniert wird.

Die Forschungsergebnisse, die uns zur Verfügung stehen, weisen stark auf die Effektivität von Sprachvermittlung hin. In der Tat können wir in manchen Arbeiten besondere syntaktische Strukturen erkennen, die im Trainingprogramm verwendet wurden. *Beilin* (1965) und *Smiths* (1968) Fortführung von *Beilins* Studie zeigen, daß schlußfolgernde verbale Regelinstruktionen ein effektives Trainingsverfahren darstellen. Im Training folgte einer falschen Gewichtserhaltungsreaktion eine *wenn-dann* Aussage: »*Wenn* wir eine Plastilinkugel nehmen und weder Plastilinmasse hinzufügen noch entfernen, *dann* wiegt die Kugel genauso viel wie vorher, obwohl sie jetzt ein anderes Aussehen hat. Schau, ich kann ihr wieder die Form einer Kugel geben, also hat sich nichts geändert.« Die mehrmalige verbale Wiederholung eines leitenden Prinzips, das sich der schlußfolgernden Syntax bedient, bewirkte bei insgesamt 12 Versuchen, daß die Kinder den Erhaltungsbegriff schneller erwarben. Es kann aber auch, wie *Beilin* meint, möglich sein, daß verbale Regelinstruktion nur ein Lösungs*modell* darstellt; diese Methode ließe sich nämlich leicht durch ein Gegenmodell widerlegen. In einer späteren Studie *Beilins* (1965) bezüglich einer Wasser-Höhen-Aufgabe (eine Aufgabe, bei der das Kind angeben soll, wie hoch der Wasserspiegel einer halbgefüllten Flasche sein würde, wenn man die Flasche auf die Seite neigen würde), war verbales Training effektiv, allerdings war ein Training in antizipierender Vorstellung, vielleicht wegen der Natur dieser besonderen Aufgabe, noch wirksamer.

Kohnstamm (1967) trainierte Kinder mit Hilfe der Verbalinstruktion in Klassen-Einschluß-Aufgaben. Er ging so vor, daß er den Kindern, die falsche Antworten gaben, das Problem mit einem Kausalsatz erklärte, damit das Kind die Denkoperation lernte. Wenn ein Kind zum Beispiel auf eine Frage antwortete, daß es mehr Polizisten als Männer gebe, erwiderte der Versuchsleiter: »Nein, das ist nicht richtig. Du müßtest sagen, daß es mehr Männer als Polizisten gibt, weil Polizisten auch Männer sind.« Der Unterricht war dann am effektivsten, wenn zum Verbaltraining in der Darlegung von Kausalzusammenhängen auch Holzklötze und Bilder herangezogen wurden. Man sollte an dieser Stelle mit besonderem Nachdruck erwähnen, daß *Kohnstamm* die verbale Instruktion mit einem Verfahren zur Förderung der Selbstaktivität des Kindes *kombinierte*. *Piagets* Arbeit über Kausalität, auf die schon hingewiesen wurde, zeigt, wie unverbindlich das Kind das Wort *weil* gebraucht. Das Kind erwirbt nur dadurch, daß man ihm dieses Wort beibringt, noch kein logisches Denken; gibt man ihm jedoch Gelegenheit, durch Selbstaktivität die Beziehungen von Ursache und Wirkung kennenzulernen und gebraucht *dann* die syntaktischen Formen (einschließlich Vergangenheit, Gegenwart und Futur zur Darstellung einer Zeitenfolge), so würde dies zur Förderung gerade entstehender logischer Denkstrukturen beitragen.

Eine direktere Methode zur Beschleunigung der Intelligenzentwicklung ist das Syntaxtraining, das *Sigel* und seine Kollegen (1966) mit Erfolg anwendeten. *Sigel* baut sein Training auf *Piagets* These auf, die besagt, daß komplexe Operationen auf einfacheren aufbauen und daß Konservation nur dann möglich ist, wenn die geistigen Operationen der multiplen Klassifikation, Seriation und Reversibilität schon vorhanden sind. Die syntaktischen Strukturen, von denen man hier ausging, waren komplexe Hauptwortsätze *(ein kleines, braunes Blatt)*, Komparativsätze *(größer als, dunkler als)*, Disjunktive *(Blätter können braun sein, aber nicht klein)*, und Konjunktionen (Blätter können klein *und* braun sein). Bei diesem Training mußten sich die Kinder zwei oder mehrere Eigenschaften eines Gegenstands einprägen, diese miteinander kombinieren, um eine weitere Klasse zu bilden und neue Kategorien aufzustellen und um wieder zum Anfang zurückzukommen. Das fünfwöchige Trainingsprogramm erwies sich als effektiv.

Greenfield (1969) versuchte in zahlreichen Verfahren, Kindern die Begriffe rund und viereckig durch linguistisches Training beizubringen. Manche Verfahrensweisen gebrauchten beispielsweise das Wort *viereckig* in einer Anzahl von Kontexten; manche auch nur in einem einzigen verbalen Kontext. Bei beiden Verfahren wurden zur Verbesserung von Fehlern entweder Gegensatz-Begriffe eingeführt oder weggelassen.

Vor- und Nachtests bei Experimental- und Kontrollgruppen zeigten, daß der größte Fortschritt von der Gruppe erzielt worden war, die sich mit dem Begriff *viereckig* sowohl in verbalen als auch in Aktivitäts-Kontexten und mit Gegensatzbegriffen (bei Fehlern) auseinandergesetzt hatte. *Greenfield* äußert sich skeptisch über Vorschulmethoden, die der direkten Erfahrung mit Materialien besondere Bedeutung beimessen und auf den kommunikativen Kontext all dieser Erfahrungen nicht näher eingehen. Aus ihren Untersuchungen zieht *Greenfield* die Erkenntnis, daß die sprachliche Formulierung konkreter Erfahrungen wesentlicher für die semantische Entwicklung analytischer Begriffe ist als die Natur der Erfahrung selbst.

Weitere Erkenntnisse über die Beziehung von Sprache und Logik gewinnt man aus den Untersuchungen *Clarks* (1968). Er stellt die Hypothese auf, daß die Lösung bestimmter Probleme, die deduktives Denken erfordern, hauptsächlich durch sehr allgemeine linguistische Prozesse vervollständigt werden kann. Die Denkaufgaben, auf die sich *Clark* bezieht, sind etwa folgender Art: »Wenn John besser als Dick ist und Peter schlechter als Dick, wer ist dann der beste?« *Clark* entdeckt vier Lösungsebenen: Verständnis der Behauptung, Verständnis der Frage, Informationssuche zur Beantwortung der Frage und schließlich Bildung der Antwort.

Clark leitet von der psycholinguistischen Theorie einige interessante Prinzipien zur Bestimmung des Schwierigkeitsgrades des Verständnisses einer Aussage ab. Diese Prinzipien spezifizieren, was jemand von einem Satz, den er gehört hat, weiß und wie er in seinem Gedächtnis nach dem gewünschten Wissen forscht. Ein Prinzip besagt, daß funktionale Beziehungen wie Subjekt, Verb und direktes Objekt im Gedächtnis in einer leichter verfügbaren Form als andere Informationstypen, wie etwa Themen, aufgespeichert werden.

Wenn Subjekt, Verb und direktes Objekt in einem Satz integriert sind, so daß, wenn überhaupt, nur wenige Transformationen nötig sind, können die Sätze schneller verstanden werden und nehmen weniger Raum im Kurzzeitgedächtnis ein. Der Satz »John sah Peter« ist deshalb leichter verständlich als »Peter wurde von John gesehen«, und die Aufforderung »die Kinder, die ihre Aufgabe zu Ende gemacht haben, können sich Saft holen« ist komplexer als »macht eure Aufgabe fertig und holt euch dann Saft«.

Das zweite Prinzip besteht darin, daß die Bedeutung bestimmter Wörter wie *gut* und *lang* im Gedächtnis in einer weniger komplizierten Form als die Bedeutung ihrer Gegensätze aufgespeichert wird. Jemand, der fragt, »wie *gut* ist das Essen?« möchte lediglich ein Urteil über die Qualität des Essens erfahren; während derjenige, der sich erkundigt »wie *schlecht* ist das Essen?« sich schon ein Urteil über das Essen gebildet hat und nun den Grad seiner Minderwertigkeit feststellen möchte. Die Formulierung »John ist besser als Peter« ist einfacher zu verstehen als »Peter ist *schlechter als* Dick«. Bei der letzten Formulierung erkennt der Zuhörer leichter, daß sowohl Peter als auch Dick schlecht sind, als daß er erkennt, daß Peter noch schlechter als Dick ist.

Das dritte Prinzip besagt, daß ein Satz nur dann Information vermitteln kann, wenn diese Information in ihren funktionalen Beziehungen der Information entspricht, die gesucht wird. Die Antwort auf die Frage: »*Wenn John besser* als Peter ist, *wer* ist dann *am besten?*« kann sofort mit »John ist *am besten*« gebildet werden. Aber wenn die Frage in einer anderen Form gestellt wird, wie bei »wer ist der schlechteste?«, muß die Frage zur Lösung des Problems in »wer ist am wenigsten gut« umgewandelt und im Gedächtnis nach der Information gesucht werden.

Clark testete Schüler bezüglich verschiedener Formen des Problems *A ist besser als B; B ist besser als C* und stellte fest, daß sich seine Hypothese über die Formulierung, die am leichtesten verständlich sein würde, im allgemeinen bestätigte. Die Untersuchungen von *Clark* und anderen Wisenschaftlern, die sich mit ähnlichen Problemen befaßten, verschaffen uns einen Einblick in die Schwierigkeiten, mit denen Kinder kämpfen müssen, wenn ihnen Informationen unterschiedlicher Aussageformen vermittelt werden. Sie unterstützen auch eher den Standpunkt, daß ein Trainingsprogramm zur Förderung sowohl der Sprache als auch des Denkens effektiver als ein Programm zur Förderung nur eines dieser Prozesse sein wird, da der Sprachprozeß unmittelbar mit dem Denkprozeß verknüpft ist. Wir wollen uns deshalb im folgenden mit Trainingsprogrammen zur Förderung von Sprach- und Denkprozessen befassen.

3.3. Programme zur Förderung der Sprachentwicklung

Kindern die Muttersprache so beizubringen, als wäre sie eine Fremdsprache, dient als weitverbreitete Methode zur Förderung der Sprachentwicklung. In manchen Großstadtteilen mit puertorikanischer Bevölkerung und im Südwesen Amerikas, in dem eine große Zahl von ibero-amerikanischen und Indianerkindern aufwächst, ist Englisch in der Tat eine Fremdsprache. Aber auch die Kinder, für die Englisch keine Fremdsprache ist, haben wesentliche Sprachprobleme, wie verschiedene Wissenschaftler feststellten; deshalb wäre ein völlig neuer Ansatz im Sprachunterricht, der am Vorbild gegenwärtiger Unterrichtsmethoden bei Fremdsprachen orientiert ist, dringend erforderlich.

Die Grundlage dieser Unterrichtsmethode bildet der Pattern Drill. Zwei Erziehungspsychologen, *Bereiter* und *Engelmann* (1966) entwickelten ein Vorschulprogramm für vierjährige benachteiligte Kinder, das allein auf dem Pattern Drill beruht. Da man annehmen kann, daß dieses Programm allgemein bekannt ist, braucht es hier nicht ausführlich beschrieben zu werden. Es wurden 15 Kinder für die Untersuchung herangezogen, die dreimal täglich je zwanzig Minuten lang in bestimmten Fächern wie Sprache, Rechnen und Lesen unterrichtet wurden. Alle drei Fächer wurden nach der gleichen Methode gelehrt, und zwar so, daß die Kinder bestimmte Mustersätze wiederholen mußten; der Unterricht erfolgte nur verbal und es wurden weder Spielzeuge noch andere konkrete Materialien verwendet. Beispielsweise begann der Sprachunterricht damit, daß die Kinder grundlegende Identitätsmuster Wort für Wort wiederholten:

1. *Wortwörtliche Wiederholung:*
   Lehrer: Dieser Klotz ist rot. Wiederhole ...
   Kinder: Dieser Klotz ist rot.
2. *Ja-Nein-Fragen:*
   Lehrer: Ist dieser Klotz rot?
   Kinder: Nein, dieser Klotz ist ist nicht rot.
3. *Suchaufgaben*
   Lehrer: Zeige mir einen Klotz, der rot ist.
   Kinder: Dieser Klotz ist rot.

4. *Aussagen machen:*

Lehrer: Sagt mir etwas über dieses Kreidestück.
Kinder: Dieses Kreidestück ist rot.
Lehrer: Sagt mir, was dieses Kreidestück nicht ist.
Kinder: (ad lib.) Dieses Kreidestück ist nicht grün ... nicht blau, usw.

5. *Deduktionsaufgaben:*

Lehrer: (Mit einem Kreidestück, das in der Hand verborgen ist) Dieses Kreidestück ist nicht rot. Wißt ihr, welche Farbe es hat?
Kinder: Nein, vielleicht ist es blau ... vielleicht gelb ... (S. 13).

Bereiter berichtet, daß diese Aufgaben den vierjährigen Kindern einige Mühe bereiteten und sie die Mustersätze mir ihren Pluralvariationen und Subklassen-Hauptwörtern (zum Beispiel: »dieses Tier ist ein Tiger«) ziemlich langsam lernten. Die Lernzeit schwankte bei den einzelnen Kindern beträchtlich; sechs bis sieben Monate benötigten die Kinder, die der Hochsprache kaum mächtig waren, und zwei bis drei Monate die, die sie fast normal beherrschten. Am Ende dieser Lehrperiode konnten die Kinder Aussagen wie »Wenn es ein Hammer ist, dann ist es ein Werkzeug« machen, was ihre Fähigkeit im Klassen-Einschluß demonstrieren soll (zu wissen, daß »Hammer« eine Unterklasse der übergeordneten, allgemeineren Klasse der »Werkzeuge« ist). Auch soll das Kind dann fähig sein, Schlußfolgerungen zu ziehen (zu wissen, daß *wenn* etwas wahr ist, wir schließen können, daß etwas anderes auch wahr ist).

Die Gegner dieser Sprachmethode bestreiten, daß die grammatischen Sätze, welche die Kinder sprechen, ein Beweis für das Lernen der Antworten ist. Sie zweifeln daran, daß solch ein Pattern Drill Sprach- und Denkprozesse effektiver beeinflussen kann als das Auswendiglernen von Kinderliedern u. ä.

Das Drillprogramm wird auch wegen seiner Begrenztheit kritisiert. In diesen Drillklassen besteht der Sprachunterricht aus einer sehr begrenzten Auswahl syntaktischer Formen und Verben, meist in der Präsensform. Wir wissen jedoch, daß der Mensch eine angeborene Sprachbegabung besitzt und Sprache unter den größten Schwierigkeiten zu erwerben vermag. Wenn Kinder in Interaktionen mit Erwachsenen die Gelegenheit haben, ihren Wortschatz zu erweitern und komplexe syntaktische Formen zu erwerben, lernen sie Daten zu verarbeiten und Äußerungen zu formulieren, die sie selbst niemals gehört haben. Wenn zum Beispiel eine Mutter zu ihrem dreijährigen Kind sagt: »Suche Papi und sage ihm, das Essen ist fertig«, so sagt das Kind, wenn es seinen Vater findet, nicht: »Suche Papi und sage ihm, das Essen ist fertig«, wie es dies im Drillprogramm tun würde, sondern: »Papi, Mami sagt, das Essen ist fertig«. Kleine Kinder erwerben Sprachstrukturen, indem sie auf das hören, was ihnen gesagt wird, die Information sodann verarbeiten, sich die darin liegenden Regeln klarmachen und *in der Antwort die erworbenen Regeln verwenden.*

Einige Unterstützung findet die »natürliche« Sprachtrainingsmethode in *Cazdens* Forschungsarbeit. *Cazden* (1965) behandelte eine kleine Gruppe von Vorschulkindern nach einer Methode, die sie »Modellieren« nannte; hier sollte ein Tutor sich mit dem Kind konversationsartig unterhalten und es mit einer reichen Auswahl von Mustersätzen konfrontieren. Obwohl die Unterschiede der Modelliermethode und einer zweiten Methode nicht bedeutend waren, fielen die Ergebnisse zugunsten des Modellierverfahrens aus.

Diese »natürliche« Sprachmethode ist nur dann effektiv, wenn das Kind genügend Gelegenheit zur Interaktion mit Erwachsenen hat, die selbst mit Sprache effektiv umgehen können. *Jensen* (1968), der sich mit der Frage des Spracherwerbs eingehend befaßt hat, meint, daß »die Sprachprozesse des aufwachsenden Kindes von der Feinheit, Mannigfaltigkeit und Komplexität des jeweiligen Sprachmilieus bestimmt werden. In welchem Maß diese Sprachstrukturen vom Kinde internalisiert werden, hängt davon ab, wie häufig sie in seinem Sprachmilieu verwendet und verstärkt werden und schließlich von der grundlegenden Lernfähigkeit des einzelnen«.

Bei *Cazdens* Untersuchungsverfahren arbeitete die Tutorin mit *drei* Kindern zur gleichen Zeit und es wurde kein Versuch unternommen, das Sprachtraining zu strukturieren. Durch einen Vergleich von *Cazdens* Studie mit der *Blanks* ergaben sich interessante Aspekte.

Blank (1968) trainierte auf einer eins-zu-eins-Basis und spricht sich zugunsten eines solchen tutoriellen Sprachprogrammes aus. Sie weist darauf hin, daß die gewöhnliche Klassensituation dem Kind keine Gelegenheit zu offenen Reaktionen gibt; die Lehrerin gibt Anweisungen, denen das Kind, ohne sich der Sprache zu bedienen, folgen kann, indem es zum Beispiel die anderen Schüler nachahmt. In einer Unterrichtsstunde jedoch, in der eine eins-zu-eins-Entsprechung besteht, kann sich die Lehrerin nicht nur vergewissern, daß das Kind sich sprachlich betätigt, sondern sie kann auch die einzelnen Sitzungen gemäß den Bedürfnissen der Kinder gestalten. Nach *Blank* beziehen sich diese Bedürfnisse auf das abstrakte Denkvermögen des Kindes; sie hat deshalb ein Programm entwickelt, in dem das Kind lernen soll, verschiedene Phänomene zu erkennen und zu unterscheiden, mit Ausschlußaufgaben umzugehen, zu kategorisieren, sich mit Ursache und Wirkung auseinanderzusetzen, Wörter von ihrem Kontext zu trennen usw. *Blank* berichtet von einem Gewinn von 14 IQ-Punkten bei Kindern, die vier Monate lang täglich 15 bis 20 Minuten unterrichtet wurden.

Wieviele Kinder zusammen trainiert werden sollten und wie dieses Trainingsprogramm sein sollte, sind Fragen, die eng miteinander verbunden sind. Wenn sich die Kinder frei im Raum bewegen dürfen, wird es dem Lehrer schwerfallen, die Unterhaltung mit mehr als einem Kind zur gleichen Zeit zu führen. Die Situation wird vereinfacht, wenn sich die Kinder um einen Tisch herumsetzen und sich mit einer gemeinsamen, sprachstimulierenden Aufgabe beschäftigen. Unter diesen Umständen ist es dem Lehrer möglich, mit Gruppen von vier, fünf oder sechs Kindern (abhängig von Alter und Bedürfnissen) während der gleichen Sitzung zu interagieren.

Setzen wir voraus, daß Sprachtraining in kleinen Gruppen betrieben werden sollte, um Möglichkeiten zu wichtigen Interaktionen zwischen Erwachsenen und Kindern zu schaffen; setzen wir auch voraus, daß das Kind in diesem Trainingsverfahren mit einer reichen Auswahl von syntaktischen Formen, speziell mit solchen, die zur Entwicklung des logischen Denkvermögens beitragen, konfrontiert werden; es stellt sich dennoch die Frage, wie solch ein Trainingsmodell systematisiert werden kann, damit es dem heutigen Wissensstand bezüglich der Sprach- und Intelligenzentwicklung völlig gerecht wird. Manche Vorschulprogramme überlassen alles dem Lehrer, der möglicherweise nicht informiert ist über die ungeheuer großen Erkenntnisse in der Sprachentwicklung, die in den letzten Jahren gesammelt wurden. Zahlreiche Forschungsprogramme bestimmen den Inhalt des Trainingsverfahrens auf Grund der Aspekte, die die Forscher gerade zufällig für wesentlich erachten. So werden tausende von Kindern in einigen wenigen syntaktischen Formen und logischen Operationen trainiert, deren Auswahl nach den subjektiven Vorstellungen des Forschers erfolgt.

Um sich mit dieser Frage systematisch befassen zu können, muß man von einer theoretischen Grundlage ausgehen; es sollte ein fester Plan, der durch Forschungsmaterial belegbar ist, über die geistige Entwicklung bestehen. Zum Glück liefert uns *Piagets* Entwicklungstheorie diesen Plan. Wir können die Erkenntnisse, die *Piaget* über die Entstehung von Klassifikations-, Raum-, Zahl- und Serationsschemata gewonnen hat, für ein Trainingsprogramm verwerten. Und auf dem Gebiet der syntaktischen Strukturen und deren Entstehung können wir uns an die Entwicklungs-Psycholinguisten wenden.

Belluge-Klima (1967) zum Beispiel hat das Auftreten von Negationen in den sprachlichen Formulierungen des kleinen Kindes verfolgt. Zunächst verneint es dadurch, daß es an den Anfang des Satzes »nein« setzt und beispielsweise sagt: »nicht kann tun« oder »nicht Brei kriegen«; in der nächsten Entwicklungsphase verwendet das Kind die Negationen *nein, nicht, will nicht,* und *kann nicht* im Satz, aber nicht immer grammatisch richtig. Eine neue Phase stellt das Auftreten der multiplen Negation dar, in der das Kind mehrere Negationsformen in einem einzigen Satz verwendet und etwa sagt: »Niemand hat das nicht genommen«. Zusätzliche Fragen treten sogar auf einer noch späteren Phase auf. (In dem Satz »du versteht das, nicht wahr?« ist »nicht wahr« eine zusätzliche Frage oder eine stehende Redensart.) Solche Zusätze sind recht kompliziert, denn das Kind muß sich für affirmative oder negative Formen entscheiden. Wenn der Satz negativ ist, ist der Zusatz affirmativ. »He isn't here, is he?« Wenn der Satz affirmativ ist, ist der Zusatz negativ[2]: »He's here, isn't he?« Das Kind muß über Zahl, Geschlecht, Singular, Plural, maskulin, feminin oder Neutrum entscheiden.

Das Forschungsgebiet, das sich mit der Entwicklung von Sprachformen in den frühen Entwicklungsjahren befaßt, wird *Entwicklungspsycholinguistik* genannt. Mit Hilfe dieser verhältnismäßig neuen, aber faszinierenden Wissenschaft sind wir imstande, die syntaktischen Formen, die Kindern Schwierigkeiten bereiten können, zu erkennen. Einige davon, die wir schon kennen und die in ihrer erzieherischen Bedeutung erkannt worden sind, sollen im folgenden aufgeführt werden (*Bellugi-Klima* und *Hass,* 1968):

1. Flexionen zur Angabe des Plurals, Imperfekts und der dritten Person Präsens Indikativ. Beispiel: Die Perl*en* sind rund. Wir *gossen* das Wasser aus. Die Zahl der Münzen ent*spricht* der der Flaschen.

Stark benachteiligte Kinder brauchen hier besondere Hilfe. Sprachuntersuchungen bei puertorikanischen Kindern in New York zeigen auf, daß die Kinder in den höheren Klassen der Grundschule diese Flexionen nicht kennen, was ihnen das Verständnis beim Lesen erschwert. Das Kind, das die Endung *te* zur Bildung des Imperfekts nicht verwendet, wird auch über das *te* im Druck hinweglesen und somit nicht fähig sein, zwischen Handlungen im Präsens und in der Vergangenheit zu unterscheiden.

2. Präpositionen wie »hinter«, »in«, »auf«, »über« usw. Die genaue Bedeutung dieser »kleinen« Wörter, die ein wesentliches Informationsmaterial darstellen, geht für das kleine Kind oft verloren.

3. Hilfsverben. Untersuchungen haben gezeigt, daß *Hilfsverben* wie *ist* in »ist gegangen« oft in der Sprache von benachteiligten Kindern fehlen; so verliert eine Aussage, wie bei der Unterlassung der Flexionen, einen wichtigen Teil ihres Informationsgehalts; denn »er gegangen« kann die Bedeutung »er ist gegangen«, »er wird gegangen sein« oder jede andere beliebige Bedeutung haben.

4. Konjunktionen wie »und«, die zwei grammatische Elemente miteinander verbinden. Hier kann die Schwierigkeit im Kurzzeitgedächtnis des Kindes liegen. Wenn der Lehrer sagt: »Lege die blauen Perlen

[2] Trifft nur im Englischen zu.

hierhin«, kann sogar auch das ganz kleine Kind dieser Anweisung folgen; auch wenn er sodann sagt, »lege die blauen Perlen auch hierhin«, ist das Kind fähig, dieser Aufforderung zu folgen. Aber wenn diese zwei Gedanken miteinander verbunden werden und das Kind aufgefordert wird, die blauen und die roten Perlen an die gleiche Stelle zu legen, wird das kleine Kind nur die blauen Perlen hinlegen. Ältere Vorschulkinder sind meistens nicht fähig, komplizierte Aussagen, in denen mehrere Gedanken zusammengefaßt sind, zu begreifen und Aufforderungen wie »räume deinen Tisch auf und gehe dann ins Badezimmer« zu befolgen.

5. Adversativa, wobei der eine Gedanke das Gegenteil oder die Antithese des anderen bildet, was durch eine adversative Konjunktion wie *aber* in dem Satz »dies ist klein *aber* schwer« ausgedrückt wird. Wir nehmen von kleinen Gegenständen an, daß sie auch leicht sind und wenn ein entgegengesetzter Gedanke hinzugefügt wird, könnte das »schwer« verloren gehen.

6. Disjunktive, die angeben, daß eine Klasse aufgespalten sein kann in einzelne Elemente, die voneinander getrennt werden können. Beispiel: Zeige mir die roten Perlen, aber nicht die viereckigen.

7. Komparative. Mehr, weniger; heller, dunkler; kürzer, länger sind Beispiele für Komparativformen, die erforderlich sind, um Gegenstände in eine bestimmte Ordnung zu bringen.

8. Komplexe Nominalphrasen. Der Gebrauch von *Attributen* wie etwa in dem Satz »das kurze, schmale Stück« oder »grobe, unebene, zackige Gegenstände« tragen zur präzisen Beschreibung und Definition von Eigenschaften von Gegenständen bei.

9. Relativsätze. Der Lehrer gebraucht bei seinen Anweisungen oft nähere Bestimmungssätze und sagt etwa: »Die verschiedenen Perlensorten, die du findest, kannst du in getrennten Gruppen zusammenstellen«, was die genaue Beschreibung eines Gegenstandes erleichtert.

10. Zeitliche Bindewörter. Bindewörter wie »wenn«, »nach«, »bis«, »sobald als«, stellen eine Spätphase in der Sprachentwicklung des Kindes dar. Vorschullehrer wissen, daß Aussagen wie »wenn ihr fertig seid, könnt ihr euch Saft holen«, bei den Kindern als Aufforderung gilt, die *sofort* befolgt werden muß.

11. Konditionalsätze. Wenn-dann-Sätze wie etwa »wenn du das längere Stück hierhin legst, wo legst du dann das kürzere hin?«

Man kann jede dieser syntaktischen Formen im Verlauf strukturierter Unterrichtsgänge mit den Kindern einüben. Für eine kleine Gruppe von Kindern, die sich mit Klassifikations-, Raum- und Zahl- und Seriationsaktivitäten befassen, kann der Lehrer eine oder mehrere Musterformen bilden, die speziell für die jeweilige Sitzung ausgewählt wurden. Bei einer Beschäftigung mit Holzstäben, die der Größe nach geordnet werden müssen, kann der Lehrer versuchen, so oft wie möglich Komparativsätze zu gebrauchen und etwa fragen: »Welcher Stab ist länger, dieser oder jener?« und »welcher ist breiter, dieser oder jener?« Um die Kinder dazu zu bringen, selbst Komparativformen zu gebrauchen, würde er etwa sagen: »Sagt mir etwas über diese zwei Stäbe«. »Was könnt ihr über die Länge dieses Stabes, verglichen mit dem anderen, sagen?« »Was könnt ihr über den anderen Stab sagen?« Wenn das Kind keine Antwort gibt oder sagt, daß der Stab blau ist, kann der Lehrer die Antwort, die er wünscht, herausfordern, wenn er sagt: »Ja, er ist blau; er ist auch größer als dieser. Nun sagt mir etwas über diesen Stab!« (indem er den kleineren emporhebt). Der Lehrer besteht nicht darauf, daß das Kind die Aussage sprachlich genauso wie die seine formuliert, nur legt er darauf Wert, daß es die Komparativform richtig verwendet. Der Lehrer kann auch einen komplizierten Nomensatz formulieren, etwa: »Suche das Bild eines großen, behaarten Tieres«; oder »zeige mir einen kleinen, weißen Babyschuh« und dann durch eine geschickte Frage das Kind zu einer Antwort herausfordern, die eine ähnliche grammatische Konstruktion erforderlich macht.

Die Bildung von Mustersätzen durch den Lehrer und die Herausforderung des Kindes zu bestimmten verbalen Reaktionen ist besonders nötig für Kinder aus armen Familien, die selten mit solchen syntaktischen Strukturen konfrontiert werden. Das Verfahren erfordert, daß die Kinder die Mustersätze aufmerksam hören, den Input verarbeiten und eine verbale Reaktion zeigen. Dies ist schwieriger, als den Sinn einer sprachlichen Formulierung zu entziffern. Jemand, der etwa Französisch studiert, kann den Sinn des Satzes »on peut étudier la perception de nombreux points de vue, doc le plus classique est le point de vue psycho-lingustique« weit eher verstehen, als in der eigenen Sprache folgende Aussage formulieren: »Das Phänomen der Wahrnehmung kann anhand einer Anzahl von Gesichtspunkten untersucht werden, von denen der psycho-physiologische der klassischste ist«.

Auch wenn solche syntaktischen Strukturen, die als Modell dienen und das Kind zu verbalen Reaktionen herausfordern, mit kleinen Gruppen von Kindern eingeübt werden, so stellt sich trotzdem noch die Frage, ob ihre Anwendung in der spontanen Rede auch gewährleistet werden kann. Die Antwort hierzu ist eher »nein«. Bei Untersuchungen von *Hart* und *Risley* gewann man die Erkenntnis, daß in solchen kleinen Gruppensitzungen Farb- und Zahlkombinationen in dieser speziellen Situation von den Kindern sprachlich korrekt gebildet wurden, daß sich der *spontane* Wortgebrauch des Kindes aber trotzdem nicht änderte; um dies zu erreichen, muß der Lehrer in der freien Spielzeit, in der sich die Kinder mit spontanen, selbstgelenkten Aktivitäten befassen, Mustersätze bilden und die Kinder zu verbalen Reaktionen herausfordern; dabei kann er sich irgendwelcher Materialien bedienen, die die Verwendung komplexer Nomensätze erforderlich machen, oder er kann Kindern Fragen stellen, um sie zu bestimmten anderen Strukturen herauszufordern. Das Verfahren wird aber fehlschlagen, wenn es in Drillform ausgeführt wird. Dieser Unterricht sollte so vor sich gehen, daß ein Beobachter in der Klasse das Gefühl haben würde, einer zwanglosen Unterhaltung zu folgen. Das Kind wird nämlich geistig aktiv, wenn es sprachlich formulieren muß. Es ist falsch, Kinder zu passiven Zuhörern zu machen, denen die Worte »in das eine Ohr hinein – und zum anderen Ohr wieder hinaus gehen«, oder sie wie ein Papagei all das Gehörte nachplappern zu lassen. Das Verfahren setzt die geistige Aktivität des Kindes voraus, die, wie *Piaget* bemerkt, wesentlich für das kognitive Wachstum ist.

Man muß darauf achten, daß man das Kind auf eine warme, freundliche und helfende Art und Weise zu Reaktionen herausfordert. Wenn man jedoch darauf besteht, daß es genau die Worte des Lehrers wiederholt, oder wenn alle seine Reaktionen beanstandet und korrigiert werden, wird es das Interesse an der sprachlichen Kommunikation verlieren und sie ihm verhaßt machen. *O. Hobart Mowrer* untersuchte Vögel und die Bedingungen, unter denen Papageien und andere Sprechvögel das Sprechen lernen. Er stellte fest, daß die Vögel dann am besten lernen, wenn die Pflegerin sich ihnen als »Mutter« zeigt und beim Füttern mit ihnen spricht, so daß die Vögel lernen, das Sprechen mit den angenehmen Dingen des Lebens zu assoziieren. Ein Kind, das Sprache ständig in einem kritischen, abweisenden Ton hört, wird nicht motiviert werden, seine Sprachmuster zu ändern.

Angenommen, daß ein »modellierend-herausforderndes« Verfahren nützlich für die Bildung von grammatischen Strukturen in der Sprache des Kindes sei, so müssen wir uns als nächstes fragen, wie diese Strukturen zum kognitiven Wachstum beitragen können. Wie oben schon erwähnt, bestreitet – und unserer Meinung nach auch mit Recht – *Piaget* die Tatsache, daß das logische Denkvermögen der logischen Ausdrucksfähigkeit vorangeht. Die Lehr- und Lernverfahren jedoch, die wir beschrieben haben, tragen zur größeren Sprachgenauigkeit des Kindes bei: Es erlernt die sprachlichen Strukturen zur Beschreibung von Eigenschaften, die etwas mit Mengenbegriffen und Vergleichen zu tun haben usw. Es gibt einige Befunde darüber, daß Verbalisieren das Lernen unterstützt.

Jensen hat mit seinen Studenten (1965) eine Reihe von Experimenten durchgeführt, die zeigen, daß syntaktisches verbales Verhalten von großer psychologischer Bedeutung für Lern- und intellektuelle Fähigkeiten ist. Sie fanden, daß zurückgebliebene Grundschulkinder der ersten Klasse eine Liste von Begriffspaaren (Schuh-Uhr, Telefon-Hammer) erfolgreicher lernten, wenn die einzelnen Begriffspaare in einem sprachlichen Kontext dargestellt wurden, wie etwa »Ich warf den Schuh gegen die Uhr«, »ich schlag' das Telefon mit dem Hammer kaputt«, als durch bloßes Benennen. Auch verbale Kennzeichen wie *mehr* oder *weniger,* die mit kognitiven Strukturen verbunden werden, stärken bestimmte Strukturen und tragen zur Entwicklung einer Lernausrüstung, die in vielen verschiedenen Situationen verwendet werden kann, bei.

Obwohl es auf dem Gebiet der Sprachentwicklung und des Sprachtrainings noch viel zu erforschen gibt, wissen wir heute schon genug, um zumindest provisorisch die Punkte zusammenzustellen, aus denen ein Sprachtrainingsmodell bestehen sollte:

1. Ein Teil des Sprachtrainings sollte in kleinen Gruppensitzungen erfolgen, um Möglichkeiten für Zwiegespräche zwischen Lehrer und Kind zu schaffen.
2. In den Kleingruppensitzungen muß der Lehrer als Modell fungieren und den Kindern eine Vielfalt von Mustersätzen anbieten.
3. Der Lehrer sollte nicht nur bestimmte syntaktische Strukturen anbieten, sondern die Kinder auch herausfordern, diese oder ähnliche Strukturen selbständig zu bilden.
4. Modellieren und Herausfordern sollte in natürlicher, konversationsartiger Art und Weise sowohl in Kleingruppensitzungen als auch beim freien Spiel erfolgen.
5. Bei der Auswahl der syntaktischen Strukturen muß der Lehrer zwei Aspekte beachten: erstens den Schwierigkeitsgrad der Struktur im Verhältnis zur sprachlichen Entwicklungsphase des Kindes und zweitens den Beitrag, den diese Struktur zum logischen Denken leisten könnte.
6. Sprachtraining sollte in einer warmen, freundlichen und helfenden Atmosphäre erfolgen; der Lehrer sollte mehr auf das Modellieren als auf das Korrigieren vertrauen, damit das Kind Sprache mit angenehmen Dingen assoziiert und stärker motiviert wird, eine gute Sprache zu sprechen.

4. Entwicklung der Operationen der Klassifikation

Gegenwärtig bemühen sich Vorschulprogramme, die der kognitiven Entwicklung Bedeutung beimessen, in ihr Curriculum Aktivitäten zur Förderung der Operationen der Klassifikationen aufzunehmen. Die Lehrer sind sich jedoch nicht immer im klaren darüber, warum solche Aktivitäten erforderlich sind und welche Beziehung zwischen Klassifikationsfähigkeiten und Denkprozessen besteht. Das Klassifikationsvermögen fördert den ökonomischen Umgang mit der Umwelt. Legen wir einen Bleistift in ein Glas Wasser und beobachten, wie er sich scheinbar biegt, müssen wir uns fragen, ob diese besondere Erscheinung ein magisches Phänomen oder das Verhalten des Lichtes ist, wenn es von einem Medium in ein anderes eintritt; wenn wir uns für das letztere entscheiden, dann können wir annehmen, daß die gleichen Gesetze jedesmal, wenn das Licht in ein anderes Medium eintritt, gelten. Ein Fünfjähriger sitzt zum Beispiel in einem Wagen am Rande des Sitzes, ohne den Sicherheitsgurt angeschnallt zu haben. Wenn nun der Wagen plötzlich anhält, fällt das Kind *vorwärts* und stößt sich am Ende des Vordersitzes an. Wieder muß man sich fragen, ob dies eine einmalige Erscheinung ist, oder ob wir annehmen können, daß alle bewegten Objekte sich in der Fahrtrichtung weiterbewegen. Können wir dies als ein praktisches Beispiel des *Newtonschen* Gesetzes betrachten, nach dem sich – dieselben Bedingungen vorausgesetzt – alles wiederholt? Die Fähigkeit, Begriffe zu erwerben und Verallgemeinerungen zu machen, macht die Auseinandersetzung mit neuen Phänomenen einfacher und ökonomischer, was wiederum der Förderung der Klassifikation dient, die vom Begriffserwerb abhängt.

Elkind (1969) weist darauf hin, daß Klassifikationsreaktionen dadurch zur Erhaltung der psychischen Ökonomie beitragen, daß nicht jedesmal beim Auftreten eines neuen Objektes Adaptionsprozesse notwendig werden.

Man kann neue Phänomene einer bestimmten Klasse zuordnen und sich mit ihnen so effektiv auseinandersetzen, anstatt sie isoliert zu behandeln. *Montessori* maß der Klassifikationstätigkeit so viel Bedeutung bei, daß sie Intelligenz mit Klassifikationsvermögen gleichsetzte und meinte, daß »die Fähigkeit, aufgrund einer festen Ordnung im Gehirn zu unterscheiden, zu klassifizieren und zu katalogisieren, gleichzeitig Intelligenz und Kultur« sei (*Kohlberg,* 1968).

Vorschulprogramme beziehen zwei verschiedene Typen von Klassifikationsaktivitäten ein, einmal nämlich das Sortieren, das im allgemeinen auf Grund von äußerlich wahrnehmbaren Daten erfolgt; hier kann der Lehrer das Kind zum Beispiel auffordern, alle roten Gegenstände in einer Reihe von verschiedenfarbigen Gegenständen zu suchen, oder sie nach anderen Kriterien, wie breite oder runde Form, zu klassifizieren; diese Auswahlskriterien müssen aber äußerlich wahrnehmbar sein. Solche Trainingsverfahren entsprechen *Montessoris* Vorstellung, daß das Klassifikationsvermögen eine Leistung der Sinnenschulung ist, die aus Übungen zur Stärkung des Unterscheidungsvermögens bei Farben, Formen, Größen, Höhen und Beschaffenheiten besteht. Aus solchen Sinneserfahrungen werden dann scheinbar Begriffe wie »viereckig« erworben, die eine Grundlage der Klassifikation bilden. Wir wissen jedoch durch *Piaget,* daß ein Kind, das durch bestimmte sinnliche Stimuli die Farbe rot kennengelernt hat, sofort die richtigen Objekte herausgreifen und das Problem lösen wird, ohne sich dazu geistiger Operationen zu bedienen.

Eine Variation der Klassifikationstätigkeit auf Grund sinnlich wahrnehmbarer Faktoren ist die Feststellung von Ähnlichkeiten und Unterschieden. Dem Kind wird zum Beispiel eine Reihe von Gegenständen vorgeführt, aus der es einen ausfindig machen soll, der sich von den anderen unterscheidet; das Kind wird etwa aufgefordert, eine Katze, die nur ein Ohr besitzt, aus einer Reihe von Katzen mit zwei Ohren herauszufinden, oder eine Blume mit ungewöhnlichen Blütenblättern aus einer Gruppe von Blumen mit regelmäßigen Blättern herauszufinden. Aktivitäten dieser Art unterstützten Leseprogramme vermutlich deshalb, weil sie das Kind darin schulen, ähnliche und verschiedene Worte voneinander zu unterscheiden. Man stellte auch die These auf, daß solche Aktivitäten beim Klassifikationstraining eine Rolle spielen, da auch hierbei Gleichheit und Ungleichheit von Objekten erkannt werden müssen. In Wirklichkeit haben aber diese Aktivitäten für beide Ziele keinen großen Wert.

Piaget bezweifelt ernstlich, daß Sinnesübungen der Förderung des Intelligenzwachstums dienen. Um Eigenschaften wie »rot« oder »hart« unterscheiden zu können, ist lediglich ein Urteil auf Grund der bloßen Wahrnehmung erforderlich. Die Information wird mit Hilfe des Auges oder der Hand erhalten und kategorisiert. Hier finden keine geistigen Operationen statt, die etwa bei der Umkehrung von Denkprozessen oder der Zusammenstellung von Informationsteilen zur Lösung eines Problems erforderlich wären. *Piaget* unterscheidet wesentlich zwischen Wahrnehmungs- und kognitiven Strukturen, da Wahrnehmungsstrukturen starre Gebilde sind und relativ unbeeinflußt von Erfahrung bleiben. Wir betrachten die Farbe rot immer als rot, sobald wir das sprachliche Zeichen für diese bestimmte Sinneserfahrung gelernt haben. *Piagets* Schüler stellten fest, daß gewisse klassische Täuschungen, wie ›——‹

⟷ durch die Rigidität unserer Sinnesempfindungen bedingt sind. Erwachsenen fällt es hier genauso schwer wie Kindern, eine Längengleichheit zwischen beiden Linien festzustellen, nur haben sie vielleicht gelernt, vorsichtiger zu urteilen.

Die echte Klassifikation erfordert mehr als Urteile, die auf der bloßen Wahrnehmung beruhen, sie verlangt geistige Operationen. Das Kind muß Information nicht nur aufnehmen, es muß sie auch wieder aufbauen. Die meisten Kinder gehen bis zu ihrem sechsten Lebensjahr nur nach äußerlich wahrnehmbaren Daten vor; durch das Auftreten operationaler Strukturen werden sie jedoch später fähig, Denkprozesse umzukehren, logische Vergleiche zu ziehen und die Bedingungen, unter denen bestimmte Elemente gleich bleiben bzw. sich verändern, zu erkennen.

Manchmal erfordern Tätigkeiten des Sortierens Aktivitäten auf der Wahrnehmungsebene – bei Begriffen, die ihrer Funktion entsprechend definiert werden. Das Kind kann hier folgende Anweisungen erhalten: »Suche alle Gegenstände, auf denen wir sitzen können, alle die Dinge, die wir essen bzw. anziehen können; suche alle Elemente, die wir zum Fahren benützen können.« Diese Begriffs- oder Klassendefinitionen von Dingen sind typisch für die Art von Definitionen, die durch Gewohnheit entstehen, und die Kinder in *Binets* Intelligenztest machen; über diese Art von Definitionen wurde vor einigen Jahren ein amüsantes Buch geschrieben mit dem Titel »A Hole is to Dig« (»Ein Loch ist im Graben«). Wie *Eling* (1969) herausstellt, sind solche Definitionen nicht falsch, fördern aber kaum Operationen der Klassifikation. Aufgaben, die solche Definitionen erforderlich machen, tragen nur äußerst begrenzt zur Entwicklung logischer Denkprozesse bei. Sie ignorieren das Wesentliche an der Klassifikation, nämlich die *Abstraktion gemeinsamer Eigenschaften* aus einer Gruppe von Gegenständen bzw. Erfahrungen, sowie die *Klassenerweiterung,* die *alle* Gegenstände bzw. Erfahrungen mit einer gemeinsamen Eigenschaft erfaßt.

4.1. Verhalten beim Klassifizieren

Inhelder und *Piaget* haben die Entwicklung der logischen Klassifikation bis zu ihren Ursprüngen im Säuglingsalter zurückverfolgt. Schon im ersten Lebensjahr baut der Säugling Schemata oder Strukturen auf, mit Hilfe derer er neue Erfahrungen klassifizieren kann; ein solches Schema bilden in der Luft hängende Gegenstände. Der Säugling erkennt nach *Piaget,* daß solche Gegenstände hin und her schwingen können, wenn man ihnen einen Stoß gibt, und er setzt ein neues Spielzeug, das über seiner Wiege hängt, mit einem Stoß in Bewegung. Oder er macht beim Öffnen einer Zündholzschachtel auch den Mund auf und gibt damit an, daß hier die allgemeine Vorstellung des »Öffnens« existiert, die er dem neuen Phänomen, der Zündholzschachtel zuschreibt. Schemata oder Strukturen, die auf der Grundlage früherer Erfahrungen aufgebaut werden, ermöglichen es dem Säugling, neue Elemente oder Erfahrungen unter bestehende Schemata einzuordnen. Die Klassifikation findet hier auf der sensomotorischen Stufe statt, das Kind »weiß« mit Hilfe seines sensomotorischen Systems.

Mit etwa zwei Jahren sind Kinder fähig, das, was *Piaget* »graphische Zusammenstellungen« nennt, vorzunehmen. Gibt man dem Kind eine Reihe von Materialien, etwa Ausschnitte aus Figuren wie Kreis, Viereck und Rechteck und fordert es auf, »die Dinge, die einander gleich sind, zusammenzustellen« oder »Dinge, die irgendwie zusammenpassen zu sammeln«, neigt es dazu, die Gegenstände räumlich anzuordnen. Es reiht zum Beispiel die Kreise und ein Dreieck hintereinander auf und nennt die Linie einen Zug, es kann aber auch Vier- und Dreiecke in einer Gruppe zusammenstellen und das Gebilde dann ein Haus nennen. Das Kind plant hier nicht im voraus und hat auch keine bestimmten Vorstellungen von dem, was es mit den Elementen machen will. Es findet zwei Gegenstände, die zusammenpassen, wird aber dann so sehr in Anspruch genommen von der Assoziation, die das Arrangement in ihm erweckt und fährt mit einer Konstruktion fort, die die Aufgabe, die man von ihm erwartet hat, völlig unbeachtet läßt. So verhält sich das Kind ein Jahr oder etwas länger. Sogar drei- oder vierjährige Kinder scheinen nicht fähig zu sein, sich das Ziel, das sie anstreben sollen, geistig vorzustellen, während die Aktivität noch im Gange ist. Das Verhalten solcher Kinder kann am besten mit dem Begriff »Kettenbildung« beschrieben werden, wobei jede Reaktion eher der nächsten als Stimulus dient, nicht aber in einen vorgefaßten Plan paßt.

Die echte oder logische Klassifikation erfordert sowohl Intension als auch Extension, Rückschau wie Vorschau. Wir kennen die Intension einer Klasse, wenn wir die Eigenschaften, die zu dieser Klasse gehören, kennen; wir können mit ihrer Extension umgehen, wenn wir in die Klasse alle Elemente und Erfahrungen mit den gleichen Eigenschaften, die durch ihre Intension bestimmt werden, einbeziehen. Um die gemeinsamen Eigenschaften im Sinn zu behalten, müssen wir Rückschau halten und wir müssen auch voraussehen können, um diese bestimmte Klasse auf die Reihe von Gegenständen und Situationen, auf die sie angewendet werden kann, auszudehnen. Das Gedächtnis ist hier sicherlich ein wesentlicher Faktor (in diesem Zusammenhang sind die umfangreichen Forschungsarbeiten über das Gedächtnis, die in den letzten Jahren in Genf [*Inhelder,* 1969] geleistet wurden, zu beachten), aber Rückschau bedeutet mehr, als nur eine Reihe von Eigenschaften im Gedächtnis zu behalten. Im Geiste findet eine Art Neubewertung statt, wobei Gegenstände ständig sortiert und überprüft werden.

Man gibt dem Kind einige geometrische Figuren wie Kreise, Quadrate, die rot, blau, breit und schmal sein können und fordert es auf, aus ihnen zwei Stapel zu bilden; die mit einer gemeinsamen Eigenschaft auf den einen und jene mit einer anderen gemeinsamen Eigenschaft auf den zweiten. Das Kind muß bei der Auswahl der zwei Unterscheidungskriterien beachten, daß es jede einzelne Figur verwenden muß. Es prüft zunächst die Form der Figuren und entscheidet sich für die Farbe (rot oder blau) als Kriterium. Dies ist die Intension der Klasse, die das Kind sich merken muß, während es jede Figur nach diesem Farbkriterium prüft, zwischen roten und blauen Figuren unterscheidet und Form und Größe unberücksichtigt läßt.

Kann es alle Figuren in einem dieser Stapel unterbringen? Wenn das nicht möglich ist, dann muß es Farbe als gemeinsame Eigenschaft aufgeben, denn seine Aufgabe besteht ja darin, alle Elemente in diesen zwei Stapeln unterzubringen. Wenn Sie, der Leser, sich mit dieser Aufgabe geistig auseinandersetzen, werden Sie die Verhaltensweisen, die bei dieser Operation der Klassifikation erforderlich sind, ermessen können. Man muß dabei eine große geistige Aktivität entwickeln und Hypothesen bezüglich der gemeinsamen Eigenschaften aufstellen und jeden Gegenstand anhand dieses Kriteriums prüfen, wobei alle ablenkenden und irrelevanten Merkmale, wie Form und Größe unberücksichtigt gelassen werden; sodann muß noch geprüft werden, ob alle Elemente mit den gleichen Eigenschaften auch aussortiert worden sind.

Zu beachten ist hier der Unterschied zwischen dieser Form von Aktivität und der oben beschriebenen, bei der das Kind aus einer Gruppe von Objekten diejenigen, die gleichfarbig oder die, die rot waren, aussuchen mußte, also nach rein äußerlich wahrnehmbaren Daten vorging. Hier hat der *Lehrer* die Aufgabe der Klassifikation übernommen; er hat die geistige Operation der Klassifikation ausgeführt, das heißt, sie hat die gemeinsame Eigenschaft aus der Gruppe von Objekten abstrahiert und sich über die Intension der Klasse entschieden. Wenn das Kind die Namen der einzelnen Farben kennt, kann es nach der bloßen Wahrnehmung vorgehen und braucht sich geistig nicht zu betätigen.

Der Lehrer verfällt leicht der Gefahr, die Zeit der Kinder mit Aufgaben in Anspruch zu nehmen, die lediglich Fleißaufgaben darstellen, wenn er sich der Existenz und der Bedeutung geistiger Operationen bei echten Klassifikationsaktivitäten nicht bewußt ist. Der Lehrer selbst hat eine Klassifikationsaufgabe auszuführen, um entscheiden zu können, ob ein Problem mit Hilfe äußerlich wahrnehmbarer Daten allein gelöst werden kann oder nicht.

Es ist jedoch leicht, einen wesentlichen Anhaltspunkt zu übersehen.

Eine Lehrerin stellte erstaunt fest, daß ihre benachteiligten fünfjährigen Schüler ein bestimmtes Problem, von dem sie angenommen hatte, daß es eine herausfordernde Klassen-Einschluß-Aufgabe sein würde, sofort lösten. Jedes der Kinder hatte eine Reihe von Miniaturspielzeugen erhalten: eine Kuh, ein Pferd, eine Ente, einen Fisch, ein Rotkehlchen, ein Haus, eine Scheune, eine Garage usw., aus denen es zwei Gruppen bilden sollte, in denen sich die einzelnen Elemente auf irgendeine Weise glichen. Die Lehrerin beabsichtigte eine Klassifikationsaufgabe, in der die Gruppen nach den übergeordneten Aspekten »Tier« und »Obdach« gebildet werden sollten.

Sie glaubte, daß die Aufgabe den Kindern einige Schwierigkeiten bereiten würde, weil sie annahm, daß die Kinder Enten, Fische und Rotkehlchen nicht mit Säugetieren wie Kühen und Pferden zusammenstellen würden und auch Garage und Scheune nicht als eine Art von Herberge betrachten würde. Die Kinder führten jedoch die Aufgabe innerhalb kurzer Zeit erfolgreich aus, denn alle Tiere waren aus weißer Plastik hergestellt; dieses Merkmal war so hervorstechend, daß es den Kindern leicht fiel, die Gegenstände, die aus weißer Plastik hergestellt waren, in die eine Gruppe zu ordnen, und alle übrigen in der zweiten Gruppe unterzubringen. Es gibt vortreffliche Klassifikationsaktivitäten, die mit farblich verschiedenen Elementen ausgeführt werden können; eine der Farben darf aber kein so starker visueller Stimulus sein, daß sie leicht unterschieden werden kann.

Die Merkmale der logischen Klassifikation sind von *Piaget* und *Inhelder* (1964, S. 48) beschrieben worden. Diejenigen Merkmale, die Vorschullehrer kennen und beachten sollten, sollen im folgenden aufgeführt werden:

1. Es gibt keine isolierten Elemente, das heißt Elemente, die keine Klassenzugehörigkeit besitzen. Wenn ein Element das einzige seiner Art ist, dann läßt es seine eigene spezifische Klasse entstehen.
2. Bei jeder spezifischen Klasse gibt es eine Komplementärklasse, die dadurch gekennzeichnet ist, daß sie die Eigenschaft der spezifischen Klasse nicht besitzt. Die Klasse der Früchte beispielsweise besteht aus Orangen und aus Früchten, die keine Orangen sind. Für die Klasse der Hunde mit Drahthaaren haben wir die Klasse der Hunde ohne Drahthaare.
3. Eine spezifische Klasse schließt *alle* Elemente ein, die das bestimmte Merkmal dieser Klasse gemeinsam haben.
4. Eine spezifische Klasse besteht *nur* aus den Elementen, die das besondere Merkmal der Klasse gemeinsam haben.
5. Die Klasse der Dinge, die gleichzeitig sowohl zu A als auch zu Nicht-A gehören, ist die leere Menge; denn es gibt zum Beispiel keinen Hund, der weder der Klasse der Hunde mit Drahthaaren, noch der mit Drahthaaren zugeordnet werden kann.
6. Eine komplementäre Klasse hat ihre eigenen Merkmale.
7. Eine Klasse ist in allen übergeordneten Klassen enthalten, die sämtliche ihrer Elemente enthalten: »alle« A oder »manche« B.

Wenn man diese Klassifikationsmerkmale beachtet, kann man ein Trainingsprogramm zur Förderung der logischen Klassifikation vorbereiten. Zunächst müssen die oben aufgeführten Aspekte in einzelne Operationen übertragen und sodann nach Schwierigkeitsgrad geordnet werden, damit die Entwicklungssequenz des Kindes so genau wie möglich getroffen wird.

Damit Kinder fähig sind, Klassifikatonsaktivitäten nach den oben aufgeführten logischen Kriterien auszuführen, müssen sie bestimmte geistige Operationen leisten können. Sie müssen fähig sein, Information über ein Objekt oder eine Erfahrung aus der Umgebung aufzunehmen und diese Information zu transformieren, das heißt, etwas mit ihr zu *tun;* dies soll im folgenden aufgezeigt werden:

1. Erkennen der Merkmale von Objekten (Größe, Farbe, Form usw.) und Zuordnen von Objekten nach mehr als einem gemeinsamen Merkmal.
2. Zwei oder mehrere Merkmale müssen gleichzeitig im Gedächtnis behalten werden können, während nach Objekten zur Vervollständigung der Menge gesucht wird.
3. Kombinieren von Elementen bei der Bildung von Unterklassen und Kombinationen von Unterklassen zur Bildung von übergeordneten Klassen, sowie das Erkennen von Komplementärklassen.
4. Fähigkeit, ein Auswahlkriterium durch ein anderes zu ersetzen.
5. Fähigkeit, eine vollständige Klasse aufzugliedern, um Unterklassen zu bilden und Vergleiche zwischen »alle« und »einige« zu machen.
6. Entdecken der Intension und der Extension einer Klasse.
7. Fähigkeit, einen Gegenstand gleichzeitig als zwei Klassen zugehörig zu betrachten.
8. Zusammenstellen von Elementen aus verschiedenen Gruppen, so daß keines sich wiederholt.
9. Fähigkeit, Elemente auf verschiedenen Wegen miteinander zu kombinieren.

Nun stellt sich die Frage, welche Trainingserfahrungen zur Entwicklung dieser Operationen beitragen. Wir beschreiben nun ein solches Trainingsmodell, wobei die Auswahlkriterien angegeben und die möglichen Reaktionen des Kindes auf diese Erfahrungen vorausgesagt werden sollen.

4.2. Trainingsprogramm: Klassifikation

4.2.1. Erkennen der Merkmale von Objekten und Zuordnen von Objekten anhand von mehr als einem Merkmal

Kinder unterscheiden sich beträchtlich in ihrer Fähigkeit, die richtigen Bezeichnungen für Merkmale wie Größe, Farbe und Form zu verwenden. Die sinnliche Wahrnehmung des Kindes *sagt* ihm, daß es nicht das gleiche Ding anschaut, wenn es zuerst einen roten und dann einen gelben Kreis sieht; sie wird ihm auch sagen, daß es zuerst einen roten, dann einen gelben Kreis sieht; oder daß es zuerst ein großes rotes Viereck und dann ein kleines rotes Viereck sieht: Das Kind muß jedoch die Namen der Dinge, die es sieht, lernen; dies geschieht durch assoziatives Lernen, das heißt dadurch, daß es die Merkmalbezeichnung beim Betrachten des jeweiligen Objekts oft genug hört.

Im hier dargestellten Trainingsprogramm gehen wir über die einfache Merkmalbezeichnung hinaus. Die Ziele der hier beschriebenen Aktivitäten bestehen neben der Merkmalerkenntnis von Objekten in der Zuordnung von Objekten aufgrund mehrerer Kriterien. Die Ausrüstung, die dazu benützt wird, besteht aus einer speziell ausgewählten Reihe von Kindergartenperlen, die in zwei Größen, zwei Formen und drei Farben besteht. Der Lehrer bildet eine Musterkette und die Kinder ahmen sie nach. Die Aktivitäten sind nach Schwierigkeitsgraden zusammengestellt und das Training beginnt mit den einfachsten Tätigkeiten; das Kind wird beispielsweise aufgefordert, eine Halskette zu bilden, indem es *alle roten* Perlen auf einem Schnürsenkel aufreiht; dann macht es dasselbe mit den anderen Farben, Größen und Formen. Als nächste Stufe stellt die Lehrerin wieder eine Musterkette zusammen, die die Kinder nachbilden müssen; hier wechseln rote mit gelben Perlen ab, eine einfache Änderung der anfänglichen Aufgabe. Zuletzt bildet der Lehrer eine komplizierte Musterkette, bei der Zahl, Größe und Form der Perlen gleichzeitig beachtet werden müssen.

Die wesentliche Bedeutung dieser Aufgaben der Merkmalerkenntnis und der Zuordnung von Objekten anhand mehrerer Kriterien besteht darin, daß sie Kinder fähig machen, das gemeinsame Merkmal einer Klasse zu finden und eine Klassenerweiterung vorzunehmen, um alle Objekte zu erfassen, die dieses besondere Merkmal besitzen. Der Lehrer kann die Aufgaben an nachfolgenden Tagen variieren und die Kinder etwa auffordern, alle Perlen zu suchen, die sich gleichen, und ihm zu sagen, in welcher Beziehung sie sich ähneln.

Diese Spiele werden durch verbale Aktivitäten begleitet, indem der Lehrer bestimmte grammatische Mustersätze bildet. Gleichzeitig mit den Aktivitäten des Kindes werden für ihn passende grammatische Mustersätze gebildet und nach Schwierigkeit gestuft, indem zunächst einfache Aussagesätze, später Transformationen dieser Sätze und beigeordnete Sätze mit mehr als einer Aussage vorgestellt werden. Jedesmal wenn der Lehrer seine Anweisungen gegeben und das Kind mit der Aktivität begonnen hat, fordert der Lehrer es auf, zu sagen, was es gerade tut und warum es ein bestimmtes Stück gewählt hat. Diese Übung zwingt das Kind nicht nur ein, sondern mehrere Merkmale eines Gegenstandes gleichzeitig zu berücksichtigen und diese durch Verwendung von Nomensätzen, die etwa lauten: »Dies ist eine runde Perle« oder »dies ist eine kleine, runde Perle« zu beschreiben. Wenn das Kind die Wörter nicht zusammenstellen kann, um einen Satz korrekt zu formulieren, bildet der Lehrer die richtige Antwort und fordert das Kind auf, sie zu wiederholen, wozu es nicht immer ganz fähig sein wird; Untersuchungen über Nachahmungen bei Kindern haben ergeben, daß Kinder nur die grammatischen Strukturen richtig wiederholen, die sie schon in ihrem Repertoire haben (*Slobin,* 1969).

Mit allen Materialsätzen müssen mehrere Tätigkeiten ausgeführt werden, damit das Gelernte vertieft und ausgeweitet wird. Zum Beispiel werden zwei Kinder voneinander durch einen Schirm getrennt; eines der Kinder fädelt eine Perle auf seine Schnur und sagt: »Ich fädle eine runde, gelbe Perle auf meine Schnur« (man beachte die Verwendung des Nomensatzes und zweier Adjektive zur Beschreibung der Eigenschaften der Perle); das zweite Kind fädelt dann eine runde, gelbe Perle auf seine Schnur und sodann eine andere, die es seinem unsichtbaren Partner beschreibt, und das Spiel wird solange fortgesetzt bis eine bestimmte Anzahl Perlen von jedem Kind beschrieben und auf der Schnur aufgereiht sind; am Ende des Spieles können die Kinder dann ihre Ketten persönlich vergleichen. Zahlreiche Forscher haben die Notwendigkeit einer Bezugssprache bei Kindern erkannt; dies bedeutet die Fähigkeit, über Ereignisse und Objekte, die nicht sichtbar sind oder sich nicht in der unmittelbaren Gegenwart abspielen, zu sprechen. Die oben angegebene weiterführende Aktivität dient als wichtiges Training für diese wesentliche Fähigkeit.

4.2.2. Bei der Suche nach einem Objekt zur Vervollständigung einer Menge zwei oder mehr Merkmale der Objekte im Gedächtnis behalten

Diese Aktivität im *Piaget*-Programm verlangt, daß das Kind die Fähigkeit, die beim Perlenspiel entwickelt wurde, in die Praxis umsetzt; bei der Suche eines Gegenstandes zur Vervollständigung einer Menge muß es zwei oder mehrere Merkmale berücksichtigen. Hier bedient man sich des Matrix-Puzzles, das eine Reihe von Elementen darstellt, die so geordnet sind, daß die Elemente paarweise aufeinander bezogen sind. Der Leser wird mit Matrizen vertraut sein, die auch in Intelligenztests verwendet werden und etwa folgendermaßen lauten: »Schwarz verhält sich zu weiß, wie die Nacht zum ...«, wobei die Lücke von der Versuchsperson auszufüllen ist. Die Puzzles, die in diesem Programm verwendet werden, sind Bilderpuzzles. Das erste in der Reihe soll das Kind im Erkennen von Größe, Form und Farbe trainieren, eine Aktivität, die schon in den Perlenspielen geleistet wurde. Das Bild zeigt eine große rote Blume und eine kleine gelbe Blume in der oberen horizontalen Reihe, sowie einen großen roten Apfel und eine Lücke, in die das Kind eine Karte, auf der ein kleiner gelber Apfel abgebildet ist, einsetzen muß. Die betreffende Karte muß aus einer Anzahl von Karten, auf der Blumen bzw. Äpfel abgebildet sind, ausgewählt werden. Die Puzzles werden zunehmend schwieriger und erfordern die Berücksichtigung dreier Variablen zur gleichen Zeit. Beim ersten Blick wird der Erwachsene meinen, daß das Puzzle zu schwierig für das Vorschulkind sei und daß es nicht imstande sei, den verbalen Anweisungen zu folgen. Dies ist jedoch nicht der Fall; das kleine Kind kann das Puzzle ohne größere Schwierigkeit lösen. Nur besteht hier das Problem darin, daß das Kind eventuell nach rein äußerlich wahrnehmbaren Daten vorgeht. *Inhelder und Piaget* (1964) beschreiben, wie das Kind die Aufgabe mit Hilfe der Symmetrie löst. Anstatt sich zu überlegen, wie sich die Elemente des ersten Paares gleichen, und ein Bild zu finden, das beim anderen Paar das gleiche Verhältnis aufweist, denkt es lediglich: »Ich habe hier ein rotes und ein gelbes Bild, also muß die richtige Karte auch gelb sein. Und da ist etwas hier und hier und hier, deshalb muß hier auch eins sein.« So kann das Kind das Puzzle aufgrund einer äußerlich wahrnehmbaren Übereinstimmung leicht lösen.

Um festzustellen, auf welcher operationalen Stufe sich das Kind befindet, muß man Fragen an es stellen. Dies taten *Inhelder und Piaget,* und was das *Piaget*sche Programm hier vorschreibt, sollten auch Lehrer dringend befolgen; denn wenn der Lehrer das Kind etwa fragt, »warum hast du dir diese Karte ausgesucht, sag mit etwas über deine Wahl«, regt er sowohl das logische Denken als auch die Sprache des Kindes an. Manche Kinder reagieren auf solche Fragen sehr erstaunt, so als wären sie zum ersten Mal aufgefordert worden, einer anderen Person Rechenschaft über ihre Handlungen zu geben. Unabhängig von der Antwort des Kindes sucht der Lehrer dann eine andere Karte heraus, stellt sie an die vom Kind bestimmte Stelle und fragt: »Könnte man auch diese Karte an diese Stelle setzen?« und »inwiefern« und »warum«? Wir stellten bei unserer experimentellen Arbeit fest, daß ein Kind, das die richtige Karte ohne zu zögern herausgefunden hatte, seine Wahl genauso schnell wieder rückgängig machte und die falsche Antwort durch die Zusammenstellung einer anderen Symmetrie rechtfertigte. Dies liegt daran, daß das Kind noch nicht imstande ist, zwei Variablen gleichzeitig zu berücksichtigen, und so stimmt es jeder Wahl zu, in der es eines der gesuchten Merkmale entdeckt.

Auch hier kann Sprache dazu beitragen, mehrere Merkmale eines Elementes gleichzeitig hervorzuheben. Der Lehrer kann so vorgehen, daß er dem Kind zunächst ein Bild zeigt und fragt: »Was wird auf diesem Bild gezeigt?« und auf die Antwort des Kindes, die lautet: »zwei rote Blumen«, entgegnet: »Sind diese Blumen klein oder groß?« Vielleicht modelliert er auch gleich die richtige Antwort und sagt: »Hier siehst du zwei große rote Blumen.« Der Lehrer kann auch einen Mustersatz mit »zwei kleinen Blumen« formulieren und dann zusammenfassend sagen: »Wir haben zwei große rote Blumen und eine kleine gelbe Blume in der oberen Reihe. Wenn wir die nächste Reihe der oberen entsprechend gestalten wollen, und wenn wir diesesmal Äpfel verwenden, dann haben wir zwei große rote Äpfel und einen . . . Welche zwei Dinge müssen wir uns vor Augen halten, wenn wir wollen, daß der Apfel der Blume entspricht?« Während der Lehrer die Beziehung, die zwischen den zwei Reihen aufrechterhalten werden muß, hervorhebt, zeigt er auf die Bilder und liefert damit das visuelle Bild für seine Worte.

4.2.3 Komplementäre Klassen

Die nächste Gruppe von Aktivitäten in dieser Reihe soll zur Förderung der Erkenntnis komplementärer Klassen dienen. Legt man Kindern Hundebilder vor, auf denen auch zwei Collies abgebildet sind, kann man dann erwarten, daß sie die Hunde in zwei Gruppen, in die der Collies und die, die keine Collies sind, einteilen? Die Aufgabe besteht darin *nur zwei* Hundegruppen zusammenzustellen. Das kleine Kind wird vielleicht soviele Gruppen, als es Hundesorten gibt, zusammenstellen, was ja nicht Ziel dieser Aufgabe sein soll. Lehrer, die sich noch nicht sehr lange mit diesen Klassifikationstätigkeiten befaßt und auseinandergesetzt haben, bezeichnen eine solche Verhaltensweise tatsächlich als »kreativ« und berichten stolz von der Zahl der Klassen, die das Kind aufstellen kann. Solch ein Verhalten ist aber eher für ganz kleine Kinder charakteristisch; denn es stellt keine große Schwierigkeit dar, die einzelnen Hunde anhand äußerlich wahrnehmbarer Kriterien zu vergleichen und zu ordnen. Eine viel anspruchsvollere Aufgabe müssen Kinder jedoch bewältigen, wenn sie mit komplementären Klassen konfrontiert werden.

Die Materialien, die wir im *Piaget*-Programm verwenden, bestehen aus einer Reihe von Miniaturfahrzeugen wie Lastwagen, Flugzeugen und einem PKW, der die Klasse der Nicht-Lastwagen ausmachen sollte. Da die Fahrzeuge drei verschiedene Farben aufwiesen, war es auch möglich, eine Klasse von *roten* und eine komplementäre Klasse von *nicht-roten Gegenständen*, oder einfacher, von *anderen Gegenständen* zu bilden. Nach *Inhelder und Piaget* (1964) ist es hier wesentlich, den Kindern die Frage der Beziehungen klarzumachen, damit sie verstehen können, aus welchen Bestandteilen eine Klasse zusammengesetzt wird; das heißt ihnen einsichtig machen, daß wir, wenn wir von Collies oder Flugzeugen reden, auch eine Komplementärklasse von Hunden, die keine Collies sind, bzw. von Fahrzeugen, die keine Flugzeuge sind, miteinbeziehen und daß die Gesamtklasse aus der spezifizierten und der Komplementärklasse zusammengesetzt ist. Der Leser wird wissen, daß auch Erwachsene die Komplementärklasse oft völlig unberücksichtigt lassen, wenn sie eine besondere Klasse besprechen, und folglich unlogische Aussagen machen.

Inhelder und *Piaget* betonen auch die Bedeutung der Beziehung einer Klasse zu ihrer Komplementärklasse, da dadurch das allgemeinere Problem der Negation entsteht. Um dieser Dichotomie, die vom Kind in dieser Aufgabenreihe gefordert wird, fähig zu sein, muß es eine Anzahl von Elementen in Klassen *und* ihre Komplementärklassen aufteilen, wobei letztere negativ beschrieben werden. Die Autoren beschreiben, wie sich Kinder auf verschiedenen Altersstufen hierbei verhalten. Die Zwei- und Dreijährigen bilden eine Dichotomie, ohne die Regeln der Klassifikation zu beachten. Zeigt man ihnen Abbildungen verschiedener Obstsorten, werden sie vermutlich einen Apfel, eine Weintraube, eine Zitrone oder eine Melone einer Gruppe zuordnen und Kirschen, Äpfel, eine Birne und eine Banane einer anderen. Mit dem fünften Lebensjahr werden Kinder fähig, Elemente in zwei Gruppen aufzuteilen, neigen aber eher noch dazu, auch die zweite Gruppe positiv zu bezeichnen. Das Kind stellt zum Beispiel eine Klasse von Äpfeln zusammen, indem es alle Bilder, auf denen ein Apfel abgebildet ist, verwendet, um dann aus den übrigen Obstsorten eine andere Klasse zu bilden, sie jedoch als Klasse der »Birnen«, »Bananen« oder »Äpfel und Früchte« zu bezeichnen, als würde der eine Begriff nicht auch den anderen mitenthalten. Die Kinder, die diese Aufgabe richtig lösen, nennen die zweite Klasse »andere Obstsorten« oder »Früchte, die keine Äpfel sind«, womit sie beweisen, daß sie fähig sind, Klassen aufzugliedern und sie für einen bestimmten Zweck wieder zusammenzustellen. Der Gebrauch syntaktischer Strukturen wie »andere Sorten von« oder »Früchte, die keine Äpfel sind«, wird dann nützlich, wenn das Kind fähig ist, Klassen zusammenzustellen und sie wieder aufzulösen. Man muß hier jedoch an *Piagets* Ermahnung denken, daß nur dann, wenn das Kind zunächst auf physischer und dann auf geistiger Basis die eigentlichen Kombinations- und Teilungsoperationen auszuführen beginnt, Klassenbegriffe entstehen; weiter muß man beachten, daß Syntaxtraining ohne operationales Training verfrüht und deshalb ineffektiv ist.

4.2.4. Aufspalten der Gesamtklasse zur Erstellung von Sub-Klassen, sowie Vergleiche zwischen »alle« und »einige«

Den Test für diese besondere Klassifikationsfähigkeit scheinen Erwachsene nicht allzusehr zu befürworten. Die Aufgabe, die in Genf zur Bestimmung der Entwicklung durchgeführt wurde, verwendet eine Reihe von Perlen, von denen 18 gelb und zwei rot sind. Alle Perlen sind aus Holz. Hier die Anleitung:

Klassen-Einschluß: Alle-Einige-Beziehungen
MATERIAL:
Eine Schachtel mit 18 Holzperlen, von denen zwei rot und alle anderen gleichfarbig (z. B. gelb) sind.
PRÄSENTATION:
Zeige dem Kind die Perlenschachtel und stelle folgende Fragen: »Was ist das?« »Glaubst du, daß alle gelben Perlen aus Holz sind?« »Glaubst du, daß die roten Perlen aus Holz sind?«
TEIL I:
»Befinden sich in dieser Schachtel mehr gelbe Perlen oder mehr Holzperlen?«
Begründung: »Warum? Woher weißt du das?«
TEIL II:
»Es gibt da zwei kleine Mädchen, die sich gern Ketten aus diesen Perlen machen würden. Das eine Mädchen würde zunächst eine Kette aus den gelben Perlen bilden und mir dann die Perlen zurückgeben; sodann würde das andere Mädchen gern die Holzperlen benützen. Welche der Ketten wird länger sein?«
Begründung: »Warum? Woher weißt du das?«
TEIL III:
a) »Wenn du mir alle gelben Perlen gibst, was bleibt dann in der Schachtel übrig?«
b) »Wenn du mir alle Holzperlen gibst, bleibt dann in der Schachtel etwas übrig?«
Begründung: »Warum? Woher weißt du das?«
TEIL IV:
Wiederhole *Teil I.*

Auf diese Aufgabe reagieren Kinder im prä-operationalen Stadium mit folgenden Worten: »Es gibt mehr gelbe Perlen (als Holzperlen), weil es nur zwei rote Perlen gibt.« Erwachsene interpretieren diese falsche Antwort (die Frage wird, beiläufig bemerkt, auch von manchen Erwachsenen falsch gelöst, nur daß diese sich rasch verbessern, wenn sie erkennen, daß man sie auffordert, *gelb* mit *hölzern* zu vergleichen) dahingehend, daß die *Sprache* das Kind verwirre und die Aufgabe ihm eine »Falle« stelle. Man kann aber, um sicher zu sein, daß das Kind alle Begriffe richtig verstanden hat, mit ihm die gesamte Aufgabe nochmals besprechen. Das Kind wird auch meinen, daß einige Perlen gelb und einige rot sind; und daß mehr gelbe als rote Perlen vorhanden und daß *alle* aus Holz sind. Wenn man ihm jedoch Fragen stellt, dann wird es wieder antworten, daß es »mehr gelbe (als hölzerne) Perlen gibt, da nur zwei der Perlen rot sind«.

Der Leser muß beachten, daß es für das Kind im prä-operationalen Stadium charakteristisch ist, seine Urteile aufgrund der bloßen Wahrnehmung zu fällen. Die Aufmerksamkeit des Kindes wird durch das visuelle Bild so vieler gelber Perlen völlig in Beschlag genommen; da es noch über keine Reversibilität im Denken verfügt und deshalb auch zu keiner Transformation von Daten fähig ist, mißlingt es ihm, im Geiste die ganze Klasse von Holzperlen zu erfassen und sie mit einer Unterklasse zu vergleichen, also eine Beziehung zwischen *allen* und *einigen* Elementen aufzustellen.

Hier muß man sich fragen, wie die Entwicklung der Klassifikationsstrukturen, die für die Lösung solcher Aufgaben erforderlich sind, gefördert werden können. Im *Piaget*-Programm wird vorgeschlagen, Kinder zahlreiche Tätigkeiten ausführen zu lassen, bei denen sie Unterklassen kombinieren und eine Hauptklasse bilden, sowie eine Hauptklasse in ihre Unterklassen auflösen müssen. Sie können etwa gelbe und rote Rosen miteinander kombinieren, Rosensträuße zusammenstellen, Rosen und Gänseblümchen kombinieren und Blumensträuße zusammenstellen. Bei dieser Tätigkeit antworten sie auch auf folgende Klassifikationsfragen: »Sind alle Rosen gelb?« »Sind alle gelben Blumen Rosen?« »Gibt es mehr Gänseblümchen als gelbe Gänseblümchen?« »Gibt es mehr Rosen oder mehr Blumen?« »Nehmen wir an, alle Blumen würden verwelken, würden dann Rosen übrigbleiben?« Durch solche Fragen wird das Kind angeregt, über die Gruppen, die es zusammenstellt, nachzudenken, Klassenvergleiche zu machen und Klassen in Unterklassen aufzulösen. Während das Kind bestimmten Anleitungen folgt und verschiedene Unter- und Hauptklassen bildet, fordert es der Lehrer auf, seine Tätigkeit zu beschreiben und seine Handlungen zu begründen; wenn erforderlich, bildet der Lehrer hier Mustersätze.

Zu beachten ist hier, daß die Sprache im Zusammenhang mit den Blumenaktivitäten steht. Bei weiteren Aktivitäten werden auch andere Materialien verwendet, so daß das Prinzip der *Vielfalt,* das man als fundamental in bezug auf Generalisation und Transfer voraussetzt, vorbereitet wird. Auch Gedächtnisschulung wird betrieben; zunächst können sich die Kinder auf ein konkretes Material, in diesem Fall Blumen, stützen, die sie mit den Augen erfassen können. Dann werden sie aufgefordert, sich die Blumen im Geiste vorzustellen und schließlich Vorstellungen über Kombinations- und Gliederungsmöglichkeiten zu machen; nach diesen Prozessen müssen die Kinder ähnliche Probleme sprachlich lösen und deshalb die erforderlichen Vergleichselemente im Geist parat haben. Hier verfährt man genauso wie bei Übungen zur Förderung von anderen Klassifikationsfähigkeiten und befolgt die von *Bruner* beschriebenen Entwicklungsstufen: enaktiv, ikonisch und symbolisch (*Bruner* et al., 1966). Das heißt, daß das Kind zunächst eine Tätigkeit mit den Händen mit Hilfe des sensomotorischen Systems ausführt; auf der zweiten Stufe befaßt es sich sowohl mit mentalen als auch bildlichen Vorstellungen; zuletzt setzt es sich mit dem Phänomen sprachlich auseinander und bedient sich dabei wesentlicher Fakten, an die es sich erinnert.

4.2.5. Abstraktion der gemeinsamen Merkmale einer Klasse und Erweiterung der Klasse, um alle Objekte gleicher Merkmale einzuschließen

Die Reihe der Aktivitäten zur Förderung der Fähigkeiten der »Intension« (Abstraktion der gemeinsamen Eigenschaft) und der Extension erfordern Voraus- und Nachschau, Erinnerung und Voraussage. Gibt man dem Kind eine Reihe von Miniaturgegenständen, Menschen, Eßutensilien, verschiedene Häuser und drei Schachteln, in die die Elemente, die sich in irgendeiner Weise ähneln, hineingestellt werden sollen, und fordert es weiter auf, bei dieser Tätigkeit alle verfügbaren Elemente zu verwenden, so muß es verschiedene Prozesse ausführen: Es muß zunächst die gemeinsame Eigenschaft der Elemente abstrahieren, dann sie im Gedächtnis behalten und jedes Element, das es in die Klassen einordnet, nach diesem Kriterium prüfen. Es muß fähig sein, zum Ausgangspunkt der Tätigkeit zurückzugehen und gleichzeitig auch vorauszuplanen.

Solch eine Verhaltensweise unterscheidet sich grundlegend von der, deren das 3–4jährige Kind fähig wäre. *Piaget und Inhelder* (1964) weisen darauf hin, daß Kinder in frühen Entwicklungsstadien Klassen und Unterklassen nicht allein aufgrund von Ähnlichkeit zusammenstellen. Sie sind noch unfähig, die räumliche Anordnung der Objekte zu überblicken und bilden deshalb lediglich »graphische« Zusammenstellungen der Elemente.

Der Begriff »graphische Zusammenstellung« soll deshalb zur Beschreibung einer räumlichen Anordnung der Elemente, die klassifiziert werden sollen, verwendet werden, wo deutlich ist, daß solch eine solche Konfiguration für das Kind eine wesentliche Rolle spielt. Anders ausgedrückt: Das Kind ist, was klar ersichtlich ist, unfähig, Merkmale (die allen Gliedern einer Klasse gemein sind) oder Merkmale (die nur einigen Gliedern der Klasse gemein sind) vom graphischen Arrangement, das sie bilden, zu trennen. So wird es ein Dreieck über ein Viereck legen, weil es annimmt, daß diese zwei Formen auf irgendeine Weise miteinander in Beziehung stehen. Das Dreieck erinnert es an das Dach eines Hauses, während das Viereck den Hauptteil des Gebäudes darstellen mag. Deshalb nimmt es an, daß die beiden Figuren nur so und nicht anders zusammengestellt werden können. Hier spielt die räumliche Konfiguration eine wesentliche Rolle bei der Bestimmung der einschließenden Merkmale des Arrangements. Es kommt jedoch auch manchmal vor, daß Kinder die Wörter »manche« und »alle« auf verschiedene Art und Weise gebrauchen, je nach der räumlichen Anordnung der einzelnen Bestandteile der Klasse. Hier spielt die Art der Anordnung für die Bestimmung der extensiven Merkmale eine wesentliche Rolle (S. 18).

Bei solchen graphischen Zusammenstellungen können Objekte in einer Linie aufgereiht werden, geometrische Figuren oder Muster bilden, oder auch zu einem »Bild« gelegt werden. Gibt man einem Kind eine Reihe von Kreisen, Quadraten und Rechtecken, so setzt es ein Dreieck auf ein Viereck, um ein Haus mit einem Dach zu bilden; hier geht das Kind wieder nach seiner sinnlichen Wahrnehmung vor und meint, daß die zwei Figuren »zusammen ein Haus ergeben müssen«, anstatt das gemeinsame Merkmal der Elemente, hier etwa die viereckige, dreieckige oder runde Form der Figuren, zu abstrahieren.

Auf der nächsten Stufe der Klassifikation ist das Kind zu spontaner, wenn auch noch mangelhafter Antizipation fähig. Es mag noch nicht imstande sein, die Einzelheiten einer Klassifikation vorauszusehen, aber es geht jetzt nicht mehr nach der bloßen Wahrnehmung vor. Es sucht hier beispielsweise zu einem Gegenstand, der seine Vorstellungskraft besonders anregt, ein entsprechendes Gegenstück; es geht dabei nach dem gemeinsamen Merkmal der Elemente vor, ist aber nicht fähig, dieses System bei allen Elementen aufrechtzuerhalten. Wenn das Kind allmählich mehr Einblick in die Klassifikation von Objekten gewinnt, treten auch die Operationen der Voraus- und Rückschau auf.

Zusätzlich zu den besonderen Aktivitäten während der strukturierten Lernabschnitte hat der Lehrer während des Vorschultages zahlreiche Gelegenheiten, Aktivitäten der Klassifikation und der Beziehungen zwischen Klassen anzuregen. In der Haushaltsecke kann der Lehrer das gemeinsame Merkmal einer Gruppe von Gegenständen nennen und die Kinder auffordern, alle Eßutensilien auf ein bestimmtes Regal zu stellen. Auf einer späteren Stufe sagt er, daß alle Spielkleider in verschiedene Kisten gelegt werden sollen und fährt fort: »Hier sind drei Kisten. Legt die Kleider, die sich ähneln oder irgendwie zusammenpassen, in jeweils die gleiche Kiste.« Hier kann das Kind nach verschiedenen Kriterien der Klassifikation, wie Farbe, Kategorie oder Material verfahren, *vorausgesetzt* das Kind befolgt die Anweisung und klassifiziert *alle* vorhandenen Kleider nach demselben Schema. Der Lehrer kann absichtlich aufmerksam auf verschiedene Klassifikationsmöglichkeiten machen, um Kinder anzuregen, Kriterien flexibler zu handhaben.

4.2.6. Erkennen eines Objektes, das zwei Klassen zugehörig ist

Das Erkennen eines Objekts, das zwei Klassen zugehörig ist, ist eine Fähigkeit, die von einer anderen, im vorhergehenden Klassifikationsprozeß bei der Abstraktion des gemeinsamen Merkmals von einer Gruppe von Objekten entwickelten Fähigkeit, abhängt. Die in Genf entwickelten Aufgaben enthalten Bilder, auf denen je ein rotes, ein gelbes, ein grünes und ein purpurfarbenes Blatt zu sehen ist – alle in der horizontalen Reihe. In der vertikalen Reihe sind ein grüner Hut, eine grüne Jacke, ein grünes Kleid, ein grünes Buch und ein grüner Regenschirm abgebildet. Das Kind soll nun aus einer Gruppe von Bildern dasjenige auswählen, das die Lücke an der Schnittfläche von horizontaler und vertikaler Reihe füllt und das beiden Klassen zugehörig ist. Die Gruppe von Bildern, aus der das Kind das passende auswählen soll, schließt Bilder aller oben aufgeführten Elemente ein. Um dieses Puzzle lösen zu können, muß das Kind das Merkmal, das sowohl den Gegenständen der horizontalen als auch vertikalen Reihen gemeinsam ist, abstrahieren, es im Gedächtnis behalten, und den Gegenstand auf einer der Abbildungen auffindig machen, der die beiden Klassenmerkmale besitzt. Da das gemeinsame Merkmal der Gegenstände der horizontalen Reihe die Zugehörigkeit zur Gattung der Blätter ist, und das der vertikalen Reihe die Farbe grün ist, muß das Kind nach einem grünen Blatt suchen, das es in die Schnittfläche beider Reihen einsetzen kann. Diese Aktivität macht also Abstraktionsfähigkeit, Gedächtnis und die Einsicht der simultanen Zugehörigkeit eines Gegenstandes zu zwei oder mehreren Klassen erforderlich. Vorausgegangene Trainingserfahrungen in diesem Programm haben dieses Ziel bereits angestrebt. Jetzt bietet sich die Gelegenheit, alle drei geistigen Prozesse anzuwenden, um einen Gegenstand auffindig zu machen, der mehrere Bedingungen gleichzeitig erfüllt und der mit Hilfe eines *Venn-Diagramms* hervorgehoben werden kann.

Die hierzu erforderliche Ausrüstung besteht aus zwei Nylonringen und farbigen geometrischen Figuren. Bei dieser Aktivität muß jedes Kind die Ringe zunächst so zusammenstellen, daß ein grünes Quadrat außerhalb beider Ringe, dann in einem und schließlich innerhalb beider Ringe liegt. Die zwei ersten Schritte bereiten dem Kind keine größere Schwierigkeit. Sogar die dritte Aufgabe, das Quadrat innerhalb *beider* Ringe zu plazieren, wird mit beträchtlichem Erfolg ausgeführt. Das Kind erfaßt schnell, daß es die Figur dann in beide Ringe legen kann, wenn es einen Ring auf den anderen legt. Sodann fragt der Lehrer: »Kannst du das Quadrat auch auf einem anderen Weg in beide Ringe legen?« Allmählich erkennt das Kind, daß es einen der Ringe so weit seitlich verschieben kann, daß innerhalb der Überschneidungsfläche beider Ringe Platz für die Figur bleibt. Dann werden weitere Figuren hinzugezogen, bis sich schließlich in dem einen Ring mehrere verschiedene rote Figuren und in dem anderen mehrere verschiedenfarbige Quadrate befinden. Das Problem besteht nun darin, zu entscheiden, welche der verbliebenen Klötze in die Überschneidungsfläche beider Ringe passen werden. Diese Aktivität kann mit einer Vielzahl anderer Materialien, einschließlich derer, die bei anderen Tätigkeiten in diesem Programm schon verwendet wurden, ausgeführt werden. Durch Aktivitäten dieser Art erkennt das Kind allmählich, daß alle Elemente, die es in die Überschneidungsfläche legt, die Bedingungen beider Klassen erfüllen müssen, und dies unabhängig davon, wie groß diese Schnittfläche ist.

4.2.7.–8. Kombinationen von Elementen

Die beiden letzten Klassifikations-Typen behandeln Kombinationsprobleme. Hier muß man zum Beispiel entscheiden, wieviele Kombinationsmöglichkeiten es für eine bestimmte Zahl von Elementen gibt. Schüler am Gymnasium treffen auf solche Probleme in der Algebra, wenn sie Aufgaben erhalten, bei denen alle Kombinationsmöglichkeiten dreier Elemente *a, b, c* zu finden sind. Man kann sechs verschiedene Kombinationen, nämlich *acb, bac, bca, cab* und *cba* bilden. Wenn man einen unbegrenzten Vorrat von jedem Element hat, das heißt eine Menge von *a's, b's* und *c's,* kann man selbstverständlich auch mehr Kombinationen ausführen. Viele Schüler sind erstaunt darüber, daß die Zahl der Kombinationsmöglichkeiten begrenzt ist, daß viele weitere Kombinationen möglich sind, einschließlich *aaa, bbb, ddd, bba,* und daß die Zahl der möglichen Kombinationen voraussagbar ist. Das Ordnen und Neuordnen von Elementen auf abstrakter Basis macht geistige Transformationen erforderlich, die das Kind aufgrund früherer Operationen bewältigt. Ein kleines Mädchen wird feststellen, daß es mit zwei verschiedenen Röcken und zwei Pullovern insgesamt vier Kleiderkombinationen bilden kann; ein kleiner Junge wird mit seiner Lokomotive und drei unterschiedlichen Güterwagen, die mehrfach vorhanden sind, neun verschiedene Züge mit je zwei Wagen herstellen können.

Hier muß man beachten, daß das Kind solche Entdeckungen machen kann, jedoch nicht immer tatsächlich macht. Kinder unterscheiden sich, wie wir oben schon sagten, wesentlich in ihrer geistigen Entwicklung. Inwieweit ein Kind von einer bestimmten Erfahrung profitiert, hängt teilweise auch von seinem eigenen Beitrag dazu ab. Auch der Lehrer spielt hier eine wesentliche Rolle, da er die Probleme für das Kind schaffen und ihm geeignete Fragen zur Förderung neuer Einsichten stellen muß.

Die Ausrüstung für die ersten beiden Kombinationsaufgaben besteht aus einer Papierpuppe, zwei roten und gelben Röcken und zwei roten und gelben Pullovern. Das Kind wird zunächst aufgefordert, die verschiedenen Möglichkeiten zur Einkleidung der Puppe mit den Röcken und Pullovern, die zur Verfügung stehen, zu nennen. Die meisten Fünfjährigen werden angeben, daß es zwei Kombinationsmöglichkeiten gibt.

Anhand der Ausrüstung, die ihnen zur Verfügung steht, können sie jedoch selbst feststellen, daß es vier Kombinationsmöglichkeiten von je zwei Elementen gibt. Diese Aktivität wird mit anderen Materialien wie etwa Zügen fortgesetzt, und jedesmal muß das Kind die Zahl der verschiedenen Kombinationsmöglichkeiten selbst entdecken. Nachdem das Kind einzelne Elemente verschiedentlich miteinander kombiniert hat, gelangt es anhand dieser Aktivität zu der Lösung, daß jedes Element mit sich selbst und mit jedem anderen Element nur einmal kombiniert werden kann, und daß man dieses Verfahren solange, wie Elemente zur Verfügung stehen, fortsetzen kann. Auch wenn kleine Kinder nicht verallgemeinern können und das Kombinationsgesetz von Elementen nicht erfassen, sind sie fähig, Kombinations- und Permutationsaufgaben mit Hilfe von Aktivitäten mit konkreten Materialien zu lösen.

Das Kombinieren von Elementen ist ein geistiger Prozeß, den Erwachsene jeden Tag bei der Lösung von Problemen durchmachen. Stehen wir vor einer Tür, die schwer aufgeht, so versuchen wir den Grund für diese Schwierigkeit zu finden und formulieren einige Annahmen: daß wir etwa den Schlüssel zuweit oder nicht genügend tief ins Schloß gesteckt haben; daß wir an der Tür ziehen müssen, während wir den Schlüssel drehen; oder daß wir gegen die Tür stoßen müssen, nachdem wir den Schlüssel gedreht haben. Die Lösung des Problems kann von einem dieser Faktoren oder von einer Kombination zweier Faktoren abhängen. Man muß sich wieder fragen, wieviele Kombinationsmöglichkeiten es gibt. Ein anderes Beispiel wäre ein Universitätsstudent, der eine Forschungsarbeit über Kinderentwicklung betreibt; er möchte feststellen, welche Faktoren mit einer bestimmten Verhandlungsweise korrelieren. Ist es das Geschlecht des Kindes, seine soziale Klassenzugehörigkeit, sein Alter oder eine Kombination zweier dieser Faktoren? Wieviele statistische Tests muß er ausführen, um sicher zu sein, daß er alle Variablen und Kombinationen der Variablen berücksichtigt hat? Die Kombinationen, mit denen sich Kinder in der oben beschriebenen Weise beschäftigen, bilden den primitiven Anfang für fortgeschrittenere Kombinationsprobleme.

Wir haben nun die geistigen Prozesse, die bei der Klassifikation eine Rolle spielen und die sich in der frühen Kindheit entwickeln, beschrieben. Klassifikationsstrukturen werden bis zum siebten Lebensjahr nicht voll ausgebildet, aber die notwendigen Grundlagen hierzu werden in der Vorschule und den ersten Schuljahren gelegt. Besondere Trainingsverfahren zur Förderung dieser Denkprozesse, die bei Aktivitäten während der freien Spielzeit nochmals angeregt werden, werden vermutlich zur Entwicklung der logischen Denkfähigkeit von Kindern beitragen und ihnen somit helfen, Begriffe effektiver zu erwerben.

5. Entwicklung von Zahl-, Maß- und Raumoperationen

Die Einführung in die Mathematik ist keine neue Errungenschaft der frühen Kindererziehung; es ist seit langem in Kindergärten üblich, Kindern das Zählen und Teilen von Materialien auf einer eins-zu-eins-Basis beizubringen. Die Genfer Studien haben uns, wie auch in der Frage der Klassifikation, jedoch Einblick in die geistigen Prozesse bei der Entwicklung von Raum- und Zahloperationen verschafft; diese Untersuchungen stellen den Wert traditioneller Lehrmethoden in Frage und liefern eine neue Grundlage für die Vorbereitung eines Mathematikcurriculums der Vorschule.

5.1. Entwicklung von Zahlbegriffen

Piaget und seine Mitarbeiter wollten feststellen, wie das Kind mathematisches Denken entwickelt. Die Genfer Schule entwickelte mit Hilfe der klinischen Methode Aufgaben für vier- bis achtjährige Kinder, die Zahl-, Raum- und Maßoperationen erforderlich machen. *Piaget* war nicht in erster Linie an der Fähigkeit des Kindes, mit Zahlen so umzugehen, wie dies in Rechentests definiert ist, interessiert, sondern an seiner Fähigkeit, wesentliche Zahl-, Meß- und Raummerkmale zu erkennen. Es kommt *Piaget* hier in erster Linie also nicht darauf an, ob das Kind $8 + 8$ zusammenzählen kann, sondern ob es erkennt, daß eine Gruppe von acht Gegenständen zahlenmäßig gleich einer anderen Gruppe von acht Gegenständen ist, auch wenn die zweite Gruppe einen anderen Raum als die erste einnimt. Man kann zum Beispiel acht Puppen in einer Reihe aufstellen und das Kind auffordern, aus einer Gruppe von zehn Stühlen genügend herauszunehmen, damit jede Puppe auf einem Stuhl sitzen kann. Diese Aufgabe führen die meisten Vier- und Fünfjährigen aus, indem sie je einen Stuhl zu Füßen jeder Puppe stellen (man hat den Kindern gesagt, die Puppen nicht auf die Stühle zu setzen). Diejenigen Kinder aber, die keine visuelle Korrespondenz besitzen, machen beim achten Stuhl nicht halt, sondern teilen solange Stühle aus, bis keine mehr vorhanden sind. Mit dem Kind, das auf dieser ersten Stufe der Aufgabe erfolgreich war, geht der Versuchsleiter einen Schritt weiter, stellt die Puppen in einem Haufen zusammen und fragt das Kind, ob die Zahl der Puppen jetzt noch der der Stühle entspricht. Das Kind, das den Begriff der Mengenerhaltung nicht sicher besitzt und nach äußerlich wahrnehmbaren Daten vorgeht, wird meinen, daß jetzt mehr Stühle vorhanden seien, »weil diese im Raum verstreut sind und mehr Platz einnehmen als die Puppen, die eng beieinander stehen«.

Das Zählen hilft hier nicht weiter, was sehr interessant ist; das Kind kann acht Stühle und acht Puppen zählen und trotzdem noch sagen, daß mehr Stühle vorhanden seien, wenn es die Puppen auf einem Haufen sieht – obwohl es gleichzeitig behauptet, daß die Zahl der Puppen vor und nach dem Platzwechsel unverändert geblieben sei. Die Zahl acht ist nicht gleich der Zahl acht für das Kind, das noch auf der präoperationalen Stufe denkt. Es verwechselt Zahl- und Raumbegriffe, und die Zahl bestimmter Elemente verändert sich gemäß dem Raum, den diese Elemente jedesmal einnehmen. So ändert sich auch der Raum gemäß der Elemente, die diesen Raum einnehmen. Ein Zimmer erscheint dem Kind kürzer, wenn zwischen Raumanfang und -ende Gegenstände aufgestellt werden.

Die Voraussetzung für unser Zahl-, Maß- und Raumverständnis ist der Begriff der Erhaltung. Wir müssen erkennen, daß Zahl und Raum gleichbleiben und ihre Menge erhalten bleibt, auch wenn sie ihr Aussehen verändern, vorausgesetzt, daß nichts hinzugefügt und nichts abgezogen wird. Der Begriff der Erhaltung geht jedoch weit über das angeführte Beispiel hinaus. Nach *Piaget* sind Mengenerhaltung und Denktätigkeit eng miteinander verknüpft; *Piaget* (1952) betont, daß der Begriff der Mengenerhaltung eine wichtige Voraussetzung für jegliche Erfahrung und Überlegung ist, und daß wir nur dann imstande sind, Begriffe zu erwerben, wenn wir erkennen, daß sie eine gewisse Beständigkeit der Definition erfordern; wir müssen uns weiter im klaren darüber sein, daß bestimmte Merkmale trotz einer scheinbaren Veränderung erhalten bleiben. Der Begriff der Mengenerhaltung ist für den Erwerb jedes anderen Begriffes erforderlich.

Zwei grundlegende Begriffe der Zahloperationen sind *Kardination* und *Ordination*. Um den Zahlbegriff zu erwerben, muß das Kind wissen, daß Zahl eine Klasse darstellt. Der kardinale Wert einer Klasse von 10 Gegenständen ist gleich 10. Dies ist ihr unveränderliches Merkmal, das trotz äußerer Veränderungen erhalten bleibt. Wenn wir von einer Klasse von 10 Gegenständen sprechen, so behandeln wir sie tatsächlich so, als wären sich die 10 Elemente alle gleich; wir lassen Unterschiede zwischen den einzelnen Gegenständen und deren Anordnung unberücksichtigt.

Aber eine Zahl ist nicht einfach eine Klasse. Damit die Klasse einen Namen erhalten kann (der ihr Kardinalwert ist), muß man die Gegenstände einen nach dem anderen zählen. Die Reihenfolge, nach der wir beim Zählen vorgehen, spielt keine wesentliche Rolle, nur müssen wir nach einer gewissen Ordnung vorgehen, um einen Gegenstand nicht versehentlich zweimal zu zählen. Wenn man die Ordnung berücksichtigt, dann *sind* die gezählten Elemente verschieden voneinander. Sie unterscheiden sich in ihrer ordinalen Anordnung, erster gezählter Gegenstand, zweiter gezählter Gegenstand usw. So setzt sich jede Zahl aus einer ordinalen und einer kardinalen Komponente zusammen, und diese zwei Begriffe müssen in eine Synthese gebracht werden, bevor der logische Erwerb des Zahlbegriffs erfolgen kann.

Wenn man sich also mit der Natur des Zahlbegriffs beschäftigen möchte, muß man sowohl Klassen- als auch Seriationsoperationen miteinbeziehen. Das meiste, das wir in dem Kapitel über *Klassifikation* sagten und das wir noch in dem Kapitel über *Seriation* ausführen werden, trifft genauso gut auf die Entwicklung des Zahlbegriffs zu. Die Erkenntnis von Klassen, Beziehungen und Zahlen entwickelt sich in einem Wechselwirkungsprozeß. Alles hängt davon ab, ob das Kind den Begriff der Erhaltung, der seinerseits von der Logik abhängt, besitzt. Die Trennungen zwischen den einzelnen kognitiven Bereichen, die *Piaget* in seinen Untersuchungen und wir hier in diesem Buch bilden, sind rein willkürlich.

Man kann auch ohne zu zählen ein Gleichgewicht zwischen Klassen aufstellen, wenn man eine eins-zu-eins-Entsprechung herstellt. Dies ist eine mathematisch sichere Methode zur Erstellung von kardinaler Äquivalenz. Zunächst wird die optische Äquivalenz hergestellt; dies geschieht dadurch, daß das Kind die Elemente einander einzeln zuordnet und die Äquivalenz erkennt: Diese Äquivalenz ist visuell wahrnehmbar (wenn man zum Beispiel einen Löffel in eine Tasse stellt oder zwei Reihen von Gegenständen aufstellt). Wenn die optische Äquivalenz zerstört wird, so verliert das Kind auf der prä-operationalen Entwicklungsstufe die Äquivalenz. Nur wenn das Kind geistig auf die Daten einzuwirken beginnt und Gegenstände nicht räumlich fixiert sieht, kann es die Äquivalenz trotz einer räumlichen Transformation bewahren.

Bei der oben erwähnten Aufgabe, in der die Puppen so zusammengerückt wurden, daß sich Puppe und Stuhl nicht mehr direkt gegenüber standen, würde das Kind im konkret-operationalen Stadium sagen, daß die Zahl der Puppen gleich geblieben ist: »Lege die Puppen genauso hin wie vorher, und du wirst sehen, daß es jetzt noch genauso viele Puppen gibt wie Stühle.« Gelegentlich wird ein Kind auch sagen: »Die Zahl der Puppen hat sich nicht geändert. Du hast keine entfernt und keine hinzugelegt, also muß die Zahl (von Puppen und Stühlen) gleich sein.«

Wie in früheren Kapiteln schon erwähnt, treten logische Operationen als Folge von Aktivitäten wie Gruppieren, Ordnen und Vergleichen auf. Wie *Piaget* immer wieder betont, entwickelt sich die Denkfähigkeit des Kindes durch Aktivität. Mathematisches Denken bildet hier keine Ausnahme. Es wird mit Hilfe geeigneter Aktivitäten mit

Objekten zunehmend logischer. Die Tätigkeit trägt allmählich zur Assimilation neuer Daten bei, die ihrerseits bei der Transformation bestehender Denkstrukturen eine Rolle spielen können. Somit wird das Kind fähig, geistig zum Ausgangspunkt zurückzugehen und Vergleiche zwischen der Situation vor und nach der Transformation zu ziehen; es kennt jetzt auch die Bedingungen, unter denen Elemente gleichbleiben oder ihr Aussehen verändern; es vermag nun auch Teile von Gedanken aneinanderzufügen und miteinander zu einem Ganzen zu kombinieren.

Eine kurze Zusammenfassung der Aufgaben, die in Genf zur Erforschung der Entwicklung des mathematischen Denkens ausgearbeitet wurden, wird dem Leser für das Verständnis des folgenden Abschnitts nützlich sein. Bei diesen Aufgaben spielen folgende Aktivitäten eine Rolle:

5.1.1. Aktivitäten zur Förderung des »kontinuierlichen« und »diskontinuierlichen« Mengenerhaltungsbegriffes

(Gemeint sind weiche oder flüssige Mengen wie Lehm oder Wasser bzw. feste oder getrennte Mengen wie Puppen oder Blumen.)
Eine der Aktivitäten (mit einer »diskontinuierlichen« Menge) besteht darin, daß das Kind eine Anzahl Perlen in zwei ähnliche Behälter einfüllt, indem es je eine Perle aus jeder Hand gleichzeitig in die beiden Behälter wirft. Nachdem das Kind festgestellt hat, daß in jedem Behälter genau die gleiche Zahl von Perlen vorhanden ist, wird der Inhalt des einen Behälters in ein anderes, hohes und schmales Gefäß geleert, und das Kind wird nun gefragt, ob in beiden Behältern immer noch genau gleichviele Perlen vorhanden seien. Bei einem ähnlichen Experiment gießt man Wasser zunächst in zwei identische Gefäße (»kontinuierliche« Menge), sodann in einen hohen und schmalen und einen breiten und niedrigen Behälter.

5.1.2. Aktivitäten mit einer eins-zu-eins-Entsprechung

Die oben beschriebenen Aktivitäten mit Puppen und Stühlen sind ein Beispiel für diesen Aufgabetyp. Andere Aktivitäten schließen Materialien ein, bei denen ein natürlicher Zusammenhang zwischen den einzelnen Gruppen von Elementen besteht, wie etwa Blumen in Vasen und Puppen mit Schuhen. Aber auch andere Aktivitäten mit Gruppen von Materialien ohne Zusammenhang untereinander werden durchgeführt, etwa eine Reihe von Zählkugeln, die das Kind aus einem Haufen zusätzlicher Zählkugeln auswählen muß. Genau wie bei der Aktivität mit den Stühlen und Puppen werden die eine oder andere Gruppe aufgeteilt und wieder zusammengestellt, so daß jede neu gebildete Reihe sich in ihrer Länge von der anderen unterscheidet.

5.1.3. Aktivitäten mit Teilung von Materialien in Mengen gleicher Anzahl

Das Kind wird hier etwa entweder aufgefordert, zwei ungleiche Gruppen von Zählkugeln zu ordnen, so daß beide Gruppen am Ende gleichviele Kugeln enthalten, oder eine Gruppe in zwei Teile aufzuspalten. Man kann das Kind auch fragen, ob eine Gruppe von acht Bonbons, die in zwei Teile von je vier Bonbons aufgeteilt ist und die am Morgen und am Nachmittag desselben Tages gegessen werden sollen, der Zahl nach einer anderen Gruppe entspricht, die in eins und sieben geteilt ist und die am nächsten Tag gegessen werden soll. Obwohl die Zahl der Süßigkeiten in beiden Gruppen die gleiche ist, erscheint sie für das Kind, daß noch auf der prä-operationalen Stufe denkt, als ungleich.

Der Begriff des Zahlbegriffs durchläuft im wesentlichen die gleichen Entwicklungsstadien wie der Erwerb anderer Begriffe. Zu Anfang besitzt das Kind im prä-operationalen Stadium den Begriff der Mengenerhaltung nicht. Ob die Aufgabe darin besteht, Elemente in Klassen aufzuteilen oder eine flüssige Menge in verschieden geformte Gefäße einzugießen – das Kind richtet sich nach äußerlich wahrnehmbaren Daten. Da es noch nicht fähig ist, zwei Variablen oder zwei Dimensionen gleichzeitig zu berücksichtigen, entscheidet es über die Gleichheit von zwei Gruppen von Gegenständen oder zwei Mengen von Materie aufgrund der Variablen oder Dimensionen, die die sinnliche Wahrnehmung am stärksten empfindet; dies kann die Flüssigkeitshöhe in einem Gefäß sein, von der das Kind sagt: »Dieses hier (das hohe, schmale Gefäß) enthält mehr, weil sie (die Limonade) höher steht (als im Standardgefäß).«

Dem prä-operationalen Stadium folgt eine Übergangsphase, in der das Kind möglicherweise den Mengenerhaltungsbegriff erwerben wird, und zwar unter der Bedingung, daß die äußerlich wahrnehmbaren Daten nur minimal verändert werden. Das heißt, wenn die Puppen nicht zu weit auseinanderliegen oder wenn sich das Gefäß, in das »die Limonade« gegossen wird, sich in der Höhe nicht *zu* sehr vom Standardgefäß unterscheidet, dann besitzt das Kind den Begriff der Mengenerhaltung sicher. Es wird jedoch unsicher, läßt keine logischen Operationen erkennen und verliert ihn wieder, wenn das optische Bild genügend verändert wird.

Schließlich erreichen Kinder mit sechs oder sieben Jahren das Stadium des konkret-operationalen Denkens. Das Kind reagiert zunehmend logischer auf die ihm gestellten Aufgaben. Zunächst tritt der Begriff der Zahlerhaltung bei eins-zu-eins-Entsprechungen auf. Als nächstes entsteht der Begriff der Mengenerhaltung (die Stoffmenge bei Tonkugeln oder die Limonadenmenge). Im allgemeinen erwerben Kinder mit fünf oder sechs Jahren den Begriff der Zahlerhaltung und mit sechs oder sieben Jahren den der Mengenerhaltung. Der Begriff der Erhaltung anderer Variablen, wie Länge, Gewicht und Volumen entsteht im Alter von acht, neun und zehn Jahren.

5.2. Trainingsprogramm: Zahl

Um Kindern beim Erwerb des Begriffs der eins-zu-eins-Entsprechung zu helfen, muß man sie mit zahlreichen Aktivitäten, in denen sie auf eine Vielzahl von Materialien einwirken können, konfrontieren. Im *Piaget*-Curriculum beschrieben wir Aktivitäten, bei denen das Kind in Läden einkaufte und für jeden erworbenen Gegenstand eine Münze oder Elemente durch eine eins-zu-eins-Entsprechung austauschte. Das Verfahren ist im wesentlichen immer dasselbe: Zunächst wird eine physische Entsprechung zwischen einem Gegenstand aus einer Klasse und einem anderen Gegenstand aus einer zweiten Klasse hergestellt. Damit Kinder den Begriff der Entsprechung auf der physischen Stufe erwerben, können Elemente, die auf eine natürliche Art zusammenpassen, verwendet werden, wie etwa Puppen und Stühle oder Blumen in Vasen. Ein anderes nützliches Verfahren ist auch der echte Umtausch von Elementen. Man gibt einem Kind eine Reihe von Gegenständen und einem anderen eine Reihe von Münzen. Zunächst spielt jedes Kind einmal den Käufer Die Lehrerin ist die Ladenbesitzerin. Jedesmal wenn das Kind eine Ware von der »Ladenbesitzerin« kauft, muß es eine Münze zahlen. Wenn es kein Geld mehr hat, fragt die Lehrerin das Kind, ob die Zahl der Münzen der der verpackten Waren, die es gekauft hat, entspricht. Die Aufgabe wird schwieriger, wenn mehr Waren als Münzen vorhanden sind. Der Lehrer kann nach dem fünften Austausch das Spiel unterbrechen und fragen: »Könnt ihr mir sagen, wieviele Münzen ich noch übrig habe? Wie könnt ihr herausfinden, wie viele ich noch habe?«

Wenn es dem Kind einmal gelungen ist, physische Entsprechungen aufzustellen, kann der Lehrer zum Problem der Zahlerhaltung weiterschreiten, indem er die physische Entsprechung zerstört. Bei diesem Trainingsverfahren kommt es darauf an, die Techniken zu ermitteln, die zur Förderung logischer Operationen dienen (siehe Aufsätze von *Wohlwill* [1960], *Smedslund* [1961 a, b], *Kohnstamm* [1967], *Smith* [1968]). Die *allmähliche* Einführung einer Transformation innerhalb einer Materialgruppe stellt eine solche Technik dar. Die Münzen, die ursprünglich geradlinig angeordnet waren, werden unter den Augen des Kindes zu einer leichten Kurve umgewandelt, die wiederum langsam und fast unmerklich zu einem Halbkreis geformt wird. Wenn man mit solchen Transformationen fortfährt, wird zu einem bestimmten Zeitpunkt das optische Bild so stark verändert, daß das Kind unsicher wird. Nach wiederholten Versuchen und einer Anzahl von Aktivitäten erkennt das Kind allmählich, daß es nicht darauf ankommt, »wie man die Münzen anordnet«. Es kommt nur darauf an, daß die Zahl erhalten bleibt.

Man kann auch einer der zwei Gruppen, die sich, wie das Kind selbst festgestellt hat, entsprechen, ein Element hinzufügen und fragen, ob die zwei Gruppen immer noch die gleiche Zahl von Gegenständen enthalten. Durch dieses Verfahren lernt das Kind, daß sich die Zahl nicht ändert, sofern einer Reihe von Elementen nichts hinzugefügt und nichts von ihr entfernt wird. Eine effektive Aktivität kann anhand von Ein-Zoll-Würfeln zweier verschiedener Farben ausgeführt werden. Das Kind muß sich jeden Würfel als einen Napfkuchen vorstellen und zwei identische Reihen von je sechs Napfkuchen bilden. Sodann bekommt es sechs Pfeifenreiniger, anhand deren es physische Entsprechungen aufstellen kann, wenn es mit je einem Reiniger einen roten und einen blauen Kuchen miteinander verbindet. Dann wird die blaue Reihe herumgedreht, aber so, daß der Pfeifenreiniger immer noch zwischen entsprechende Kuchen gelegt werden kann. Beim Auseinanderschieben der Reihen kann der Lehrer einen »Kuchen« hinzufügen oder entfernen, das Kind nach der Äquivalenz der zwei Reihen fragen und auch eine Begründung der Antwort verlangen. Auch hier spielt die Sprache eine wesentliche Rolle. Der Lehrer fragt wiederholt: »Was passiert, wenn wir der Reihe noch einen Kuchen hinzufügen?« (Die Reihe wird verlängert; die Zahl wird größer.) »Und was passiert, wenn wir einen Kuchen entfernen?« (Es sind nun weniger Kuchen da; nicht so viele.)

Für ein sehr einfaches, aber effektives Trainingsverfahren benötigt man eine Anzahl von farbigen Perlen, zwei Behälter ($^1/_4$ Liter) aus Plastik, der eine niedrig und breit und der andere hoch und schmal, sowie einige braune Papiertüten. Das Kind läßt nun aus jeder Hand je eine Perle gleichzeitig in die Behälter fallen und sagt vor sich hin: »Eine da hinein, eine da hinein«; gelegentlich werden die Tüten, in die man im Zentrum ein Loch geschnitten hat, über die Behälter gestülpt und das Verfahren wiederholt. Wenn die Kinder die Perlen in beiden Behältern sehen können, bestreiten sie, daß ihre Zahl gleich ist, reagieren aber richtig, wenn sie die ungleiche Höhe der Perlen in beiden Behältern nicht sehen können; schließlich wird ihnen die Diskrepanz zwischen ihren zwei verschiedenen Reaktionen bewußt, und sie sagen aufgeregt: »Die Zahl muß die gleiche sein; ich warf in jedes Gefäß die gleiche Zahl von Perlen ein. Es kommt nicht auf das Aussehen an.« Hier wird deutlich, daß operationale Strukturen allmählich auftreten.

Da der Erhaltungsbegriff eine wesentliche Rolle bei der Entwicklung von Zahlkonzepten spielt, nehmen wir auch ein Trainingsverfahren zur Förderung des Mengenerhaltungsbegriffs auf. Bei dieser Aktivität müssen sich Kinder mit Wassermengen auseinandersetzen und sich die Frage stellen, ob eine bestimmte Wassermenge auch dann erhalten bleibt, wenn sie in ein andersgeformtes Gefäß gegossen wird. Die Aktivität beginnt mit den Plastikbechern, die fast bis zum Rand gefüllt sind. Die Kinder gießen das Wasser in diesen Bechern solange aus und ein, bis sie überzeugt sind, daß jeder Becher die gleiche Wassermenge enthält. Dann wird der Inhalt eines Bechers in zwei halb so große Becher gegossen, die er fast ausfüllt. Man kann den Inhalt des ursprünglichen Bechers auch in ein hohes, schmales bzw. flaches, breites Gefäß befördern, das bis zum Rand gefüllt wird. Die Kinder sind jedesmal im Zweifel darüber, ob die neu eingegossene Menge der des nicht geleerten Bechers entspricht.

Da das Kind im prä-operationalen Stadium die Veränderung in der einen Dimension mit einer Veränderung in der anderen nicht koordinieren kann, nimmt es an, daß die zwei kleineren Gefäße mehr enthalten, »weil es zwei sind«, oder daß das flache bzw. hohe Gefäß mehr beinhaltet, »weil es bis zum Rand gefüllt ist«. Durch zahlreiche solche Aktivitäten, bei denen das Kind Wasser von einem Gefäß in ein anderes befördert und *diesen Prozeß umkehrt*, sowie durch die Beschreibung der Gefäße in zwei Dimensionen (das Gefäß ist höher, aber schmaler) lernt das Kind allmählich, über Reversibilität und logische Multiplikation (das ist die Erkenntnis, daß eine Veränderung der einen Dimension durch eine Veränderung der anderen ausgeglichen werden kann) zu verfügen. In diesem Stadium wird das Kind nicht unsicher; es weiß genau, daß die Inhalte der Gefäße gleich sind, unabhängig von der jeweiligen Form. Ferner zeigen seine Reaktionen deutlich, daß es mit Hilfe geistiger Operationen das Gesehene transformiert: es sagt etwa: »Die Wassermengen sind gleich. Man braucht nur den Inhalt der vier Becher zurückzugießen, und man sieht, daß die Mengen gleich sind«. (Reversibilität: die Umkehrung des Eingießprozesses.) »Sie müssen gleich sein. Wir haben nichts hinzugefügt und nichts entfernt, so müssen die Mengen gleich sein«. (Identität: Wenn man nichts hinzufügt und nichts entfernt, dann wird nichts verändert.)

5.3. Die Entwicklung von Maßbegriffen

Der Lehrer verbindet mit dem Begriff »Messen« einen Zollstock für Längenmessungen, eine Waage mit Gradeinteilung oder andere Instrumente mit standardisierten Einheiten.

Man muß jedoch bedenken, daß jede feste Maßeinheit eine lange Entwicklungsgeschichte hat und daß es die Wiederentdeckung zunächst der Notwendigkeit einer Maßeinheit und schließlich einer Standardeinheit ist, die *Piaget* beim Kind interessiert. Das Messen erfordert zunächst und wesentlich einen Positionswechsel; man kann das Auge, das Gegenstände in der Entfernung vergleicht, bewegen oder durch die Verschiebung einer bekannten Maßeinheit entfernte Gegenstände miteinander verbinden. Wesentlich für das Meßverfahren ist die Erkenntnis der Einheiten-Iteration, sowie die Wahl und die wiederholte Anwendung einer bestimmten Maßeinheit.

Die in Genf entwickelte Aufgabe zur Prüfung des Maßbegriffs des Kindes läßt das Kind einen »Turm« aus verschieden großen Blöcken bauen, der genau so hoch wie ein anderer schon gebildeter »Turm« sein soll. Der zweite »Turm« soll jedoch auf einem anderen, höheren bzw. niederen Tisch gebaut werden. *Piaget* (1953 a) beschreibt den Verlauf einer solchen Aktivität:

Die Auseinandersetzung der Kinder mit diesem Problem macht eine faszinierende Entwicklung durch. Die sehr jungen Kinder bauen den zweiten Turm bis zur sichtbaren Höhe des ersten, ohne sich Gedanken über die unterschiedliche Größe der Tische zu machen. Sie vergleichen die Türme, indem sie etwas zurücktreten und sie betrachten. Das Kind auf einer etwas fortgeschritteneren Stufe hält einen langen Stab über die Spitzen der beiden Türme, um sich zu überzeugen, daß sie die gleiche Höhe haben. Auf einem etwas späteren Entwicklungsstadium fällt dem Kind auf, daß die beiden Türme auf verschieden hohen Unterlagen stehen. Als nächstes möchte es seinen Turm neben das Modell auf denselben Tisch stellen, um sie miteinander zu vergleichen. Hier erinnert man es daran, daß die Spielregeln verbieten, den Turm zu bewegen; also wird es gezwungen, nach einer Maßeinheit zu suchen. Interessant ist hier, daß ihm als erstes Meßinstrument sein eigener Körper einfällt. Es legt die eine Hand über die Spitze seines Turmes und die andere auf die Unterlage, sodann bewegt es die Hände, indem es versucht, sie in der gleichen Entfernung zu halten, gegen den anderen Turm, um die Höhen zu vergleichen. Kinder von etwa sechs Jahren führen diese Arbeit sehr sicher aus, als könnte sich die Stellung ihrer Hände auf dem Weg nicht ändern! Bald entdecken Kinder aber, daß diese Methode nicht zuverlässig ist, und nun suchen sie Bezugspunkte auf dem eigenen Körper. Das Kind bringt zum Beispiel seine Schulter auf gleiche Höhe mit der Turmspitze, markiert mit der Hand den Punkt gegenüber der Unterlage auf seinen Oberschenkel und geht so zum Modellturm, um die Höhen zu vergleichen.

Nach einiger Zeit sucht das Kind nach einem unabhängigen Meßinstrument. Hier wird es zunächst wahrscheinlich versuchen, einen dritten Turm neben dem ersten, den es gebaut hat, zu bilden, der auch genauso hoch sein soll wie der erste. Nach Fertigstellung dieses dritten Turmes bringt es ihn zum ersten Tisch, um ihn mit dem Modell zu vergleichen; diese Verfahrensweise verstößt nicht gegen die Spielregeln. Zu dieser Stufe gelangt das Kind mit Hilfe logischer Überlegungen. Wenn wir den Modellturm *A*, den zweiten Turm *C* und den beweglichen *B* nennen, dann hat das Kind überlegt, daß B = C und B = A, deshalb A = C (S. 78–79).

Der Versuchsleiter schaltet sich an diesem Punkt ein, um dem Kind drei Stäbe vorzuführen: Der eine ist länger, der zweite kürzer und der dritte genauso hoch wie der Modellturm. Nun fragt man das Kind, ob es mit einem der Stäbe feststellen kann, ob sein Turm so hoch wie der Modellturm ist. Zunächst wird es annehmen, daß der Stab genauso hoch wie der Turm ist und es wird mit dem Stab die Länge jedes Turmes messen; hier wird es möglicherweise den Fehler machen, daß es das Ende des Stabes in einiger Entfernung von der Basis des Turmes anlegt, so daß der Stab eine Diagonale zum Turm bildet, ohne flach an ihm anzuliegen. Etwas später benützt es einen längeren Stab und markiert darauf die Turmspitze mit seinem Finger. Auch in diesem Fall wird es ihm nicht ganz gelingen, die Stellung des Fingers bei der Beförderung des Stabes von einem Turm zum anderen zu bewahren. Schließlich erkennt es, daß es auch mit einem kürzeren Stab die Höhe des Turmes messen kann, indem es den Stab seitlich an den Turm anlegt und diesen Vorgang so lange wiederholt, bis es die Spitze des Turmes erreicht hat. Dieser Prozeß stellt den Anfang des echten Messens dar.

Piaget (1953) analysiert die logischen Operationen des Kindes. Er stellt heraus, daß das Kind hier den geistigen Prozeß der Teilung vollzieht und erwägt, daß ein Ganzes aus einer Anzahl von Teilen, die miteinander addiert sind, zusammengesetzt ist. Durch eine zweite geistige Operation (Substitution) erkennt das Kind, daß einer der Bestandteile des Ganzen als Einheit verwendet werden kann und daß diese Einheit auch auf andere Teile angewendet werden kann. Das Kind erwirbt den Maßbegriff später als den Zahlbegriff, da es schwieriger ist, sich ein Ganzes vorzustellen, das in gleiche Teile geteilt ist, als sich mit Elementen zu beschäftigen, die schon getrennt sind.

5.4. Trainingsprogramm: Messen

Trainingserfahrungen in strukturierten Lernabschnitten bauen sich um Aufgaben herum auf, in denen eine Reihe von Meßinstrumenten verwendet werden; ein Beispiel einer solchen Aufgabe wäre das oben beschriebene Turmproblem. Im allgemeinen scheint die Entwicklung des Kindes so zu verlaufen, wie *Piaget* beschrieben hat, das heißt es verwendet seinen Körper als erstes Meßinstrument. Nachdem Kinder entdeckt haben, daß die Hand oder die Brusthöhe als Maßstab verwendet werden können, versuchen sie ihre eigenen Maßeinheiten herauszufinden. Dazu benützen sie Bücher, lange Schnüre, Holzblöcke, buchstäblich alles, was ihnen zur Verfügung steht. Mit der Anwendung erfundener Maßeinheiten beweisen sie, daß sie das Prinzip der Einheiten-Iteration beherrschen.

Erfahrungen anderer Art können dazu beitragen, daß Kinder das Wiederholungskonzept von Einheiten auch auf anderen als dem Bereich der Längenmessung erwerben. Als Beispiel könnte hier das Problem der Erhaltung flüssiger Mengen dienen, bei dem das Kind entscheiden muß, ob zwei sehr verschieden geformte Gefäße die gleiche Flüssigkeitsmenge enthalten. Wenn man nach einer sicheren Methode vorgehen will, kann man einen kleineren Becher als Maßeinheit verwenden und zählen, wie oft er gefüllt werden muß, um jedes der größeren Gefäße zu füllen.

In unserem Programm schufen wir zunächst zahlreiche Erfahrungen dieser Art; Wasser sollte aus einem Gefäß in ein anders geformtes gegossen und der Wasserstand markiert werden. Dieses Verfahren unterscheidet sich von denen, die oben beschrieben wurden. Über den Verlauf eines solchen Experiments berichtet ein Lehrer:

Ich zeigte den Kindern zunächst einen kleinen und dann einen großen Becher. Ich fragte sie, wieviele kleine Wasserkannen nötig wären, um den großen Becher zu füllen. Die Kinder rieten verschiedene Zahlen – 2, 3, 4. Ich goß ein, während sie mich beobachteten und sahen, daß zwei kleine Becher den großen füllten. Ich gab ihnen Hinweise und Erklärungen. Wir sprachen über die unterschiedlichen Größendimensionen der Becher – höher, kürzer, breiter, schmaler.

Als nächstes fragte ich die Kinder, ob ein anderes, breites und flaches Gefäß (gleiches Fassungsvermögen) den Inhalt des ersten größeren Gefäßes aufnehmen könnte.

Tony bejahte meine Frage, aber er konnte seine Antwort nicht begründen. Die übrigen Kinder sagten »nein«, weil das Gefäß zu flach sei. Hier ließ ich die Kinder selbst experimentieren und Wasser eingießen. Das Wasser füllte das Gefäß genau aus. Ich fragte sie, ob wir jetzt genauso viel Wasser wie vorher zum Trinken hätten. Die Kinder antworteten, im ersten Gefäß wäre mehr Wasser. Wir sprachen wieder über unterschiedliche Größendimensionen; ich achtete auf meine Wortwahl. Die Kinder versuchten jetzt, das Wasser aus den flachen Gefäßen in die größeren zurückzugießen, aber sie schütteten dabei auch viel Wasser aus. Ich demonstrierte es, und die Kinder sahen, daß die Wassermenge die »gleiche« wie zuvor war.

Die Aktivitäten wurden mit den Kindern während kurzer Lernabschnitte fortgesetzt. Nach einem Monat berichtete der Lehrer:

29. Juni. Wir führten eine weitere Aktivität mit Wassergießen aus. Alle Kinder außer Kathy besitzen jetzt den Begriff der Mengenerhaltung, wenn sich die Gefäßformen nicht zu sehr voneinander unterscheiden. Sie stimmten zu,

daß im vollen 8-Unzen-Gefäß mehr Wasser war als im vollen 6-Unzen-Glas, obwohl die Wasserhöhe in beiden Behältern gleich war. Hier scheint es nützlich gewesen zu sein, einen kleinen Behälter (vier Unzen) als Einheit verwendet und Behälter verschiedener Form und Größe gefüllt zu haben; weiter schien der Gebrauch eines passenden Wortschatzes effektiv zu sein. Die Kinder besitzen den Begriff der Mengenerhaltung jedoch noch nicht sicher; stelle ich sie auf die Probe und verwende Gefäße, die sich in der Form *stark* unterscheiden, werden sie unsicher. Die Wasserhöhe eines hohen, schmalen Gefäßes ist für die Kinder immer noch sehr irreführend. Obwohl Tony und Klara den Begriff der Mengenerhaltung schon erworben zu haben scheinen, paßt Clara jedesmal, wenn sie eingießt, wie ein Luchs auf, daß kein Tropfen Wasser vergossen wird. Tony zeigt auch richtige Reaktionen, kann sich aber nicht so gut wie Clara konzentrieren.

Wenn das Kind anfängt, auf die Daten *einzuwirken*, wenn es mit Hilfe geistiger Operationen das Gesehene zu transformieren beginnt, befindet es sich in einem Übergangstadium, wie auch die Reaktionen mancher der obigen Kinder zeigen.

Das Kind kann inkonsequent sein und den Begriff der Mengenerhaltung verlieren, vor allem wenn sich das neue Gefäß zu stark vom Original unterscheidet; der Lehrer muß aber solche Unbeständigkeiten und Sinnesänderungen aufmerksam verfolgen, denn sie weisen auf die Fortentwicklung der Reversibilität und der Mengenerhaltung hin.

5.5. Die Entwicklung des Raumbegriffs

Es ist sicherlich richtig, daß sich sogar sehr intelligente Menschen in ihrer Fähigkeit, sich mit geometrischen Problemen und Raumverhältnissen auseinanderzusetzen, unterscheiden. Manche besitzen eine sehr gute räumliche Vorstellung und manchen fehlt das räumliche Vorstellungsvermögen so stark, daß sie nicht einmal eine einfache Raumtransformation um 180° vornehmen können. Zu einem gewissen Maß und vielleicht zu einem sehr großen Maß hängen solche Unterschiede von frühen Erfahrungen ab. Es ist möglich, daß Kinder, die viele Spielaktivitäten ausführen und sich viel im Raum bewegen, auf diesem Gebiet kompetenter sein werden als Kinder, die sich mit anderen Aktivitäten befassen.

Nach *Piaget* entwickelt sich die räumliche Vorstellung des Kindes schon in der Wiege. Er führt hier einige Beispiele an: Mit fünf oder sechs Wochen erkennt der Säugling ein vertrautes Gesicht schon in einiger Entfernung oder aus einer anderen als der gewohnten Perspektive. Vom vierten bis zum zehnten Monat werden Greif- und Sehreflexe miteinander koordiniert; so kann der Säugling jetzt Objekte im Raum nicht nur sehen, sondern auch die Dinge, die in seiner Reichweite sind, greifen. Mit neun Monaten kann das Kind einen langen, schmalen

Gegenstand, der nicht in einen engen Raum paßt, wenn er waagrecht gehalten wird, in senkrechte Stellung bringen, so daß er sich jetzt anders zum Raum verhält. Während der gesamten sensomotorischen Periode erforscht das Kind Gegenstände, beginnt Formen zu abstrahieren, Entfernungen einzuschätzen und sich mit Formen und ihrem Verhältnis zum Raum auseinanderzusetzen.

In seinen Studien über die Entstehung des räumlichen Vorstellungsvermögens befaßt sich *Piaget* mit der Frage, wie Kinder Begriffe von offenen und geschlossenen Figuren, geometrischen Formen, Perspektiven und Gegenständen in der Fläche erwerben. *Piaget* stellte fest, daß die Merkmalerkenntnis bei offenen und geschlossenen Figuren vor der der geometrischen Figuren erscheint. Dreijährige Kinder wurden aufgefordert, Gegenstände, die sie nur betasten, aber nicht sehen konnten, einander zuzuordnen. Dabei stellte man fest, daß die Kinder zwischen offenen und geschlossenen Figuren leichter als zwischen einem Kreis und einem Viereck unterscheiden konnten. Kindern im prä-operationalen Stadium, die noch kein festes räumliches Vorstellungsvermögen besaßen, fiel es schwer, sich vorzustellen, wie ein Gegenstand aus verschiedenen Perspektiven aussehen könnte; sie gingen bei jeder Aufgabe eher von der eigenen Perspektive aus als von einer anderen. *Piaget* betrachtet diese Neigung, Dinge stets vom eigenen und niemals vom Standpunkt anderer aus zu sehen, als ein weiteres Beispiel für den *Egozentrismus* des Kindes. Als schließlich die Reihe an die Aufgaben zur Darstellung von Gegenständen in einer Ebene kam und etwa Pfosten »schön und gerade« auf dem Modell eines Berges aufzustellen waren und das Ergebnis dann gezeichnet werden sollte, war das Kind im prä-operationalen Stadium unfähig, den Anforderungen zu genügen, da seine Pfosten immer rechtwinkelig zur Neigung des Berges standen.

5.6. Trainingsprogramm: Raum

Zur Förderung des Erwerbs von Raumbegriffen entwickelten wir zahlreiche Aktivitäten für unser Programm. Bei zwei solcher Aktivitäten soll das räumliche Sehvermögen des Kindes gefördert werden, das heißt, die Fähigkeit, sich Dinge trotz räumlicher Verschiebung und aus anderen Perspektiven vorzustellen. Bei der einen Aufgabe zeigt man dem Kind ein Gedeck (Teller, Messer, Gabel, Löffel, Glas, Serviette, die alle richtig auf der Matte angeordnet sind) und fordert es auf, für einen Freund auf der gegenüberliegenden Seite des Tisches zu decken und Messer, Gabel usw. genauso wie bei seinem Gedeck anzuordnen. Bei der anderen Aufgabe werden ein Modellhaus mit einer Garage und einem Baum vor dem Haus vor dem Kind aufgestellt. Auf der gegenüberliegenden Seite wird eine Puppe aufgestellt. Die Kinder werden nun aufgefordert, aus einer Reihe von Bildern dasjenige auszuwählen, das die Hausszene aus dem Blickwinkel der Puppe zeigt. Die Puppe wechselt nun ständig die Stellung und die gleichen Anweisungen werden wiederholt.

In beiden Fällen wird das Denken des Kindes durch den räumlichen Egozentrismus, wie *Piaget* es nennt, charakterisiert, das heißt, das Kind sieht die Dinge aus seinem eigenen Blickwinkel und ist unfähig, aus der Perspektive eines anderen zu sehen und zu urteilen. Obwohl es um den Tisch herumgeht, um Messer, Gabel und Löffel, die er, ohne eine Transformation im Raum vorgenommen zu haben, hingestellt hat, zu prüfen, sagt es: »Beide Gedecke sind gleich. Das Messer liegt genauso wie das meine auf der anderen Seite des Tisches.« Wir stellten im Trainingsprogramm fest, daß es nützlich war, die Transformation im sensomotorischen System durch tatsächliche physische Entsprechungen aufzubauen. Man gab dem Kind ein Messer, das es mit der Hand fest zu greifen hatte und forderte es auf, zur anderen Seite des Tisches zu gehen und es neben den Teller zu legen, um eine Entsprechung zwischen beiden Seiten herzustellen. Man forderte das Kind auch auf, die linke Hand auf die Gabel und die rechte auf das Messer zu legen; dann drehte ein anderes Kind das gesamte Gedeck um 180 ° herum, während das erste Kind noch die Hände am gleichen Platz hielt. Das Kind konnte sich auch vor den gedeckten Tisch setzen, eine Hand in die Höhe heben und sie langsam und gerade auf ein Besteck fallen lassen, um sodann mit der gleichen Hand das Verfahren auf der anderen Seite des Tisches zu wiederholen. Durch solche Aktivitäten und durch natürliche Spielsituationen erkennt das Kind allmählich, daß Dinge gemäß der Stellung des Beobachters ihr Aussehen verändern und daß rechts und links auch je nach Blickwinkel des Beobachters verkehrt werden. Obwohl Kinder den Begriff der Relativität noch nicht sicher besitzen werden, können sie durch Training ein natürliches Gefühl für Raumtransformationen entwickeln und ihren Egozentrismus aufgeben.

In der zweiten Gruppe von Aktivitäten zur Entwicklung der räumlichen Vorstellungskraft wird dem Kind die Abbildung eines Hauses mit getrennter Garage und einem Baum vor dem Haus gezeigt. Hier muß das Kind nicht nur links und rechts, sondern auch »vor« und »hinter« beachten. Vom Blickwinkel des Kindes aus steht die Garage rechts und der Baum vor dem Haus. Die Puppe sieht aus ihrem Blickwinkel die Dinge in umgekehrter Folge. Wenn man das Kind fragt, was die Puppe von der anderen Seite aus sehen würde, wählt es im allgemeinen ein Bild auf Grund eines hervorstechenden Merkmals aus. Manche Kinder reagieren besonders auf Farbe und sagen: »Dieses Bild. Weil das Dach auf dem Bild blau ist und weil das Haus auch ein blaues

Dach hat.« Für andere Kinder ist wieder der Baum der dominante Faktor; sie werden deshalb eines der Bilder, auf denen der Baum abgebildet ist, auswählen, obwohl hier die Seitenansicht des Baumes zu sehen ist, und ihre Wahl mit folgenden Worten begründen: »Auf dem Bild ist ein Baum und hier ist auch ein Baum«. Sie kennen Begriffe wie »vor« und »hinter« noch nicht; sie glauben, daß die Puppe das sieht, was *sie selbst* sehen, und erkennen nicht, daß von der ihnen gegenüberliegenden Seite aus der Baum nicht mehr »vor«, sondern in der Tat »hinter« dem Haus steht.

Der erste Schritt zur Entwicklung der Erkenntnis der Perspektivenrelativität, der sowohl rechts-links- als auch vor-hinter-Transformationen miteinbezieht, besteht darin, das Kind von seiner *egozentrischen* Sichtweise, das heißt von der Vorstellung, daß jeder Beobachter, unabhängig von seinem Standort, die Dinge so wie das Kind sieht zu befreien. Als erster nützlicher Schritt erwies sich ein Spiel, bei dem zwei Kinder an gegenüberliegenden Seiten des Bildes saßen und jedes Kind die Szene, von der *es* annahm, daß der andere es sah, aussuchte. Es ist gewiß nicht ungewöhnlich für ein Kind, wenn es das, was es sehen will, tatsächlich sieht und wenn man es auf die andere Seite des Tisches schickt, damit es die Szene von der entgegengesetzten Seite aus sehen kann, wird es noch immer auf seiner ursprünglichen Wahl beharren, die die Szene *vor* einer Transformation zeigt. Wenn dem Kind jedoch ein Gleichaltriger am Tisch gegenübersitzt und erzählt, was er (der Gleichaltrige) glaubt, daß das andere Kind sieht (was *nicht* dem entspricht, was er selbst sieht, sondern vielmehr dem, was der Partner sieht), wird das Kind unsicher und fängt allmählich an, zu bedenken, daß die Szene von der anderen Seite des Tisches anders aussehen könnte. Manche Psychologen glauben, daß eine »kognitive Dissonanz« notwendig sei, damit bereits bestehende Vorstellungen wieder umgeworfen werden können; effektiver jedoch als äußerlich wahrnehmbare Gegenbeweise wirkt der Feedback durch einen Spielkameraden, dessen Äußerungen der eigenen Wahrnehmung nicht entsprechen. Wenn der Aspekt des Egozentrismus erst einmal in den Vordergrund gerückt wird, ist das Kind auch für andere Hinweise aufnahmefähiger, die die Entwicklung von links-rechts-Transformationen und vor-hinter-Transformationen erleichtern.

Es gibt eine dritte für dieses Progamm entwickelte Aktivität, mit der die Begriffe eines Bezugssystems zur Lage von Dingen im Raum eingeführt werden. *Piaget* bezieht sich hier auf Begriffe wie vertikal und horizontal, die benutzt werden, um die Lage von Dingen im Raum zu bezeichnen. Wenn wir ein Bild an die Wand hängen, woher wissen wir, ob es »gerade« hängt oder nicht? Wir hängen es im Geiste in einem Zimmer mit vertikalen und horizontalen Linien auf und kommen zu einer Entscheidung. Woher wissen wir, daß ein Pfosten oder ein Pfahl, den wir am Boden aufstellen, auch gerade steht? Wir vergleichen die betreffenden Elemente unbewußt mit unserer eigenen Körperstellung oder mit anderen aufrechten Gegenständen im gleichen Teilraum. Dazu berichtet *Piaget* (1956) folgendes:

Wir Erwachsenen sind so sehr daran gewöhnt, uns an einem Bezugssystem zu orientieren und unseren empirischen Raum mit Hilfe eines Koordinatensystems, das wir als selbstverständlich hinnehmen (wie die Vertikale der Senkschnur und die horizontale Linie der Wasseroberfläche) zu organisieren, daß uns die Frage, in welchem Alter das Kind solche Vorstellungen erwirbt, absurd erscheint. Man wird annehmen, daß das Kind durch das flache Liegen auf dem Rücken schon in der Wiege den Begriff der Horizontalen erwirbt, und daß es die Vertikale entdeckt, sobald es versucht aufzustehen. Dieses an der Körperhaltung orientierte System würde somit ein fertiges Koordinaten-System liefern, wobei die Gleichgewichtsorgane mit ihren nur allzu bekannten, halbkreisförmigen Kanälen das ganze Problem lösen würden. In diesem Fall wäre es in der Tat seltsam, wollte man das Problem bei vier- bis zehnjährigen Kindern völlig neu aufwerfen!
Hier stoßen wir auf eine der größten Fehlvorstellungen, die die Theorie über geometrische Begriffe belastet hat. Aus der Tatsache, daß das Kind atmet, verdaut und ein Herz besitzt, das schlägt, schließen wir nicht, daß es irgendeine Vorstellung vom Stoffwechsel oder vom Kreislaufsystem hat. Es wird höchstens seine Atembewegungen bemerkt und seinen Puls befühlt haben. Aber dieses wahrnehmungsmotorische Bewußtsein ist keine Voraussetzung für das Verständnis der inneren Phänomene, wovon diese Bewegungen nur die äußeren und sichtbaren Zeichen sind. Ähnlich leitet das Kind aus der bloßen Tatsache, daß es aufstehen und flachliegen kann, nur ein streng empirisches Bewußtsein über die zwei Stellungssysteme ab und nichts weiter. Um hierauf ein allgemeineres Schema aufzubauen, muß das Kind zu einem bestimmten Zeitpunkt den Bereich der bloß körperlichen Sphäre verlassen und seine eigene Stellung mit den es umgebenden Gegenständen vergleichen; dieser Prozeß geht aber über das rein empirische Wissen hinaus (S. 378).

Aus den Zeichnungen des jüngeren Kindes ist ersichtlich, daß es »den Bereich des bloß körperlich-stellungsmäßigen nicht aufgeben und seine Stellung mit der umgebender Objekte vergleichen kann«. Vier- bis sogar achtjährige Kinder stellen Kamine rechtwinklig zu schiefen Dächern u. ä.

Während das Kind die vertikale Achse richtig darstellt, vernachlässigt es die Horizontale völlig. Das Kind muß ein Bezugssystem mit zwei Koordinatenachsen, das heißt mit einer Horizontalen und einer Vertikalen, die beide gleichzeitig berücksichtigt werden müssen, entwickeln; im Raum eines solchen Koordinatensystems muß es auch die räumliche Vorstellung entfalten.

In unserem *Piaget*-Curriculum konzentrieren wir uns auf die Entwicklung solch eines Koordinatensystems. Wir können dazu eine der Genfer Aufgaben zur Prüfung der Wasserhöhe in einer geneigten Flasche verwenden. Wie »sieht« das Kind die Wasseroberfläche, wenn die

Flasche geneigt ist? Es zeichnet die Wasseroberfläche horizontal zur Basis der Flasche und nicht so wie die Tischfläche oder den Horizont. Obwohl das Kind beim Zeichnen die Wasseroberfläche »anschaut«, zeichnet es sie schräg ein.

Es ist erstaunlich, daß das Kind die horizontalen Bezugspunkte (wie Tischfläche), die ihm zur Verfügung stehen, unberücksichtigt läßt. Es ist überhaupt erstaunlich, daß es irrt, denn es wird in der physischen Welt von einem natürlichen Bezugssystem umgeben. *Piaget* (1956) meint dazu:

Die horizontale Achse ist auf der empirischen Ebene durch die ebene Fläche, auf der alltäglich Dinge liegen, die Erde selbst (an ihren flachen Stellen) oder die künstlich ebenen Flächen von Böden, Terrassen usw. gegeben. Einen anderen wichtigen Faktor stellt die Oberfläche einer flüssigen Menge dar, die den kleinen Kindern in Genf jeden Tag durch den Genfer See demonstriert wird; ein anderes alltägliches Beispiel wäre die Oberfläche von Getränken in Tassen und Gläsern. Die vertikale Achse wird durch Zimmer- und Hauswände, Pfosten, Schornsteine, Bäume usw. geliefert.

Manche Vierjährige sind überhaupt nicht fähig, Flächen darzustellen. Anstatt Wasser als eine ebene Fläche darzustellen, zeichnen sie es als einen Ball im Mittelpunkt der Flasche – und das tun sie, während sie das Gefäß selbst anschauen. Die fortgeschritteneren Kinder stellen das Wasser als ebene Fläche dar, aber wenn die Flasche geneigt wird, zeichnen sie auch die Wasseroberfläche schräg ein.

Piaget macht uns auf die Tatsache aufmerksam, daß Kinder ihr Leben lang Behälter mit Flüssigkeiten betrachten und nie das zeichnen, was sie sehen. Eine vernünftige Erklärung dafür, die wir mit Hilfe unserer Kenntnisse über die Denkweise des Kindes im prä-operationalen Stadium geben können, besagt, daß es die Wasseroberfläche auf gleicher Ebene zur *nächstliegenden* Horizontalen zeichnet – zur Spitze oder zum Boden des Gefäßes etwa und nicht zur Oberfläche des Tisches. Das Trainingsverfahren sollte sich deshalb darauf konzentrieren, das Kind von einem Urteil abzubringen, das auf dem Entfernungsfaktor beruht und es dazu anzuleiten, sich an einer relativ standfesten horizontalen Achse wie der Oberfläche des Tisches oder des Bodens zu orientieren. Die hierzu erforderliche geistige Operation besteht darin, zwei Variablen miteinander zu einem einzigen Bezugssystem zu koordinieren. Hier muß man versuchen, das Bezugssystem des Kindes, nämlich die schräge Seite der Flasche, zu *dezentralisieren* und durch zwei Bezugspunkte zu ersetzen: Kante des Tisches oder des Bodens und der Wand. Die Ersatzelemente können jedesmal durch lebhafte Farben oder eine sehr geringe Entfernung deutlich hervortreten. Im folgenden sollen einige Verfahrensweisen zur Förderung der Erkenntnis- und Koordinationsfähigkeit der zwei Variablen, nämlich der Horizontalen und der Vertikalen, beschrieben werden:

1. Bei der Aktivität mit der Wasserhöhe soll ein besonders bunter Karton über die Flasche und parallel zur Wasseroberfläche und sehr nahe an ihr derart gelegt werden, daß die stärker geneigte Seite der Flasche verdunkelt wird. Dann zeichnen die Kinder die Wasseroberfläche und den Karton; diese Zeichnungen werden mit früheren, auf denen das Wasser schräg steht, verglichen.

2. Der Karton soll nun allmählich immer weiter nach unten gesenkt werden, so daß eine allmähliche Transformation stattfindet, bis die Kinder lernen, die Kante des Tisches als Vergleichsbasis zu benutzen.

3. In Klassenräumen soll in der Nähe einer Wand ein schräger Laufsteg aufgestellt werden (man kann dazu eine beliebige Planke, deren eines Ende auf einer höheren Oberfläche, wie auf einem Stuhl oder einem Block, aufsitzt, verwenden). Der Boden und die Wand sollen äußerlich stark wahrnehmbar sein; deshalb sollte man bunte Papierstreifen in horizontaler und vertikaler Richtung in die Nähe des Laufsteges legen. Ein Kind (auch eine Puppe kann verwendet werden, falls der Steg das Gewicht eines Kindes nicht tragen kann) kann bis zur halben Höhe der Planke laufen. Das Kind bzw. die Puppe sollte den bunten Streifen an der Wand sehr nahe sein. Die anderen Kinder können dann das Kind oder die Puppe auf dem Steg in Beziehung zum Boden und zur Wand setzen; sie können für Boden und Wand Linien ziehen und dann das Kind zeichnen, als sei es »verzaubert« und könne in der Luft ohne Stütze stehen.

4. Die Kinder können auf Zeichenpapier einen Berg zeichnen; sie bemalen einen schmalen Streifen entlang dem vertikalen und horizontalen Rand in zwei verschiedenen Farben. Mit Zahnstochern, die dieselbe Farbe wie die vertikale Achse haben, können sie dann Menschen darstellen. Die »Menschen« können sie so anbringen, als würden diese den Berg »besteigen«, indem sie sich nach der farbigen vertikalen Achse richten.

Wie bei den anderen gelenkten Aktivitäten des *Piaget*-Curriculums hat der Lehrer während des Tages häufig Gelegenheit, die in den strukturierten Unterrichtsabschnitten erlernten Dinge zu vertiefen. Manche Kinder müssen dann zunächst lernen, Wasser in einer horizontalen Fläche anstatt in kleinen Bällen innerhalb der Flasche darzustellen. Hierzu ist es nützlich, wenn das Kind Gefäße mit farbloser Flüssigkeit füllt und auf den Zeichnungen die Wasserhöhe nur als Linie anstatt als farbige Flüssigkeit in der Flasche darstellt.

Die Schaffung eines äußeren vertikalen und horizontalen Bezugspunktes zum Glas, der durch Nähe und Farbe sehr gut wahrgenommen werden kann, ist ein effektiver Schritt, um das Kind leichter die abstrakteren Begriffe von horizontal und vertikal erwerben zu lassen. Ein

Kind macht mit unserem Programm bis zum Jahresende genügend Fortschritte (Kindergarten), so daß es auf die Frage des Lehrers, wie sich die Wasseroberfläche verhalten würde, wenn der ganze Tisch oder der Boden, auf dem der Tisch stand, geneigt wäre, richtig antwortete. Das Kind war jedesmal fähig, einen Bezugspunkt außerhalb des Systems selbst zu finden und die Lage von Dingen im Raum mit Hilfe eines Koordinatensystems zu bestimmen.

5.7. Sprachtraining und mathematisches Denken

Die strukturierten Aktivitäten zur Förderung von Zahl-, Maß- und Raumoperationen dienen gleichzeitig auch dem Sprachtraining, denn bei diesen Lernaktivitäten können auch Wortschatz und Syntaxübungen miteinbezogen werden. Hier soll anhand einiger Beispiele gezeigt werden, wie Wortschatzübungen mit dem Training bestimmter logischer Begriffe, auf die wir schon eingingen, verbunden werden können.

1. *Zahlerhaltung*
   Wortschatz zum Vergleich von Mengen: *mehr, weniger, das gleiche, so viele wie, vorher, nachher.*
2. *Erhaltung flüssiger Mengen:*
   Wortschatz zur Beschreibung von Größendimensionen: *groß, kurz, schmal, dick, eng, hoch, niedrig.*
3. *Oberflächenerhaltung:*
   Wortschatz für Transformationen: *formiere sie in der gleichen Weise, auf andere Weise, vor, nach, gleich, mehr, nicht so viel wie.*
4. *Längenerhaltung:*
   Wortschatz zum Vergleich von Länge und Position: *größer als, höher als, kürzer als, gleich lang wie, auf, unter, entlang, in der Nähe von, eng daneben, gegen.*
5. *Relativität der Position:*
   Wortschatz zur Beschreibung der Position: *jenseits von, gegenüber, die gleiche Seite, die andere Seite, links, rechts, hinter, vor.*
6. *Bezugssystem zur räumlichen Organisation:*
   Wortschatz zur Beschreibung der Wasseroberfläche: *eben, waagerecht, horizontal, geneigt, formiert.*

Man kann sagen, daß die meisten Vorschullehrer versuchen, den Kindern während der freien Spielaktivitäten und Lernabschnitte das Zählen, eins-zu-eins-Entsprechungen, das »Lesen« eines Kalenders und andere Zahltätigkeiten beizubringen. Wahrscheinlich denken aber weit weniger Lehrer daran, Aktivitäten zur Förderung der Maß- und Raumoperationen in das Vorschulcurriculum aufzunehmen. Trainingserfahrungen in diesen zwei wichtigen Bereichen können jedoch stark zum mathematischen Denkvermögen des Kindes beitragen. Bei den Übungsphasen und durch aufmerksame Verfolgung der Antworten der Kinder können die Lehrer bei Spielaktivitäten Gelgenheiten zur Vertiefung von Maß- und Raumkonzepten erkennen und nutzen.

6. Entwicklung der Operationen der Seriation

Es gibt neben der Klassifikation noch einen anderen Weg, auf dem das kleine Kind seine Welt zu systematisieren beginnt und zwar indem es Beziehungen *zwischen* Objekten aufstellt und sie auf eine bestimmte Art und Weise ordnet. *Piaget* nennt diese Operation die der *Seriation.* Beim Seriationsprozeß schaut das Kind nach Unterschieden; eine Reihe ist eigentlich eine Kette von Unterschieden. Diese Unterschiede mögen in der Größe, Farbe, Intensität und anderen Merkmalen, die visuell erkannt werden können, liegen; es können auch Zeitunterschiede sein, die Ereignisse, die sich zu verschiedenen Zeitpunkten ereignen, enthalten. Bei einer Seriationsaufgabe muß das Kind auf jeden Fall Objekte und Ereignisse auf irgendeine Art ordnen, wobei es allmählich erkennt, daß in dieser Ordnung bestimmte Gesetze und allgemeine Regeln enthalten sind.

Auf der einfachsten Stufe kann Ordnen einfach das Kriterium bedeuten, nach dem Objekte und Ereignisse geordnet werden sollen, etwa alphabetische Ordnung wie in Wörterbüchern und Lexika, oder chronologische Reihenfolge, wie beispielsweise bei einem Kalender. Hier betreffen die Unterschiede Stellungs- oder Zeitunterschiede; aber sogar auf dieser sehr elementaren Stufe gibt es bestimmte logische Grundsätze, die die Beziehung beherrschen. Wenn wir zum Beispiel wissen, daß *A* vor *B* und *B* vor *C* kommt, dann kommt folglich *A* auch vor *C.*

Nehmen wir folgendes Problem an: »Jimmy läuft schneller als Tony; Jimmy läuft langsamer als Mark. Wer läuft am schnellsten?« Wir wissen, daß die Lösung von dem Kriterium der Schnelligkeit, nach der alle Elemente eingeordnet werden müssen, abhängt. Wir formulieren deshalb etwas anders und lesen: »Jimmy läuft schneller als Tony; Mark läuft schneller als Jimmy; deshalb ist Mark der schnellste und Tony der langsamste Läufer«. Bei einer Reihungsoperation müssen wir logisch schließen, daß die Elemente so geordnet werden müssen, daß Vergleiche in der gleichen Dimension möglich sind.

Auf einer komplizierteren Stufe können wir Beispiele der Seriation finden, die nach einem verstrickteren Prinzip als dem der alphabetischen oder chronologischen Seriation gestaltet sind. In der Chemie werden zum Beispiel die Elemente nach der Zahl der Protonen (oder Elektronen) im Atomkern geordnet. Die Suche des Menschen nach Regelmäßigkeit ließ ihn dieses Ordnungsprinzip entdecken, das seinerseits zur Enthüllung chemischer Geheimnisse beiträgt. Auch durch die Periodentafel können Elemente geordnet werden und zwar nach bestimmten Merkmalen. Die Elemente mit ähnlichen Merkmalen werden in dieser Tafel wie in einem Kalender in gleichen Spalten angeordnet. Sehr träge Gase, wie zum Beispiel Helium, bilden eine Familie von Elementen, die genauso wie die Montage im Kalender in derselben vertikalen Spalte aufgeführt werden. Im Kalender wird die Seration auf der horizontalen Linie nach den Wochentagen, in der Periodentafel nach der Atomzahl gestaltet.

Laut *Piagets* Theorie sind komplizierte Strukturen auf einfacheren aufgebaut und das Ordnen einer Gruppe von Objekten und Ereignissen ist häufig der erste Schritt, der zu schwierigeren Manipulationen führt. Als Beispiel eignet sich hier ein Permutationsproblem. Bei diesen Aufgaben muß das Kind entscheiden, wieviele Kombinationen zweistelliger Zahlen mit den einstelligen Zahlen 1 und 2 möglich sind. Die Antwort ist »vier«; es sind die Kombinationen 11, 12, 21 und 22 möglich. Als nächstes muß das Kind entscheiden, wieviele zweistellige Zahlen man aus den drei einstelligen Zahlen 1, 2 und 3 zusammenstellen kann. Die Antwort ist »neun«; es können die Zahlen 11, 12, 13, 21, 22, 23, 31, 32 und 33 gebildet werden. Danach muß es die gleiche Aufgabe mit vier- und fünfstelligen Zahlen durchführen und im voraus sagen, wieviele Vierecke aus Karton, auf denen die Zahlen gedruckt sind, es zusammenstellen kann. Hier ist zu beachten, daß die Kinder, die diese Aufgabe mit Erfolg durchführen, die Zahlen in eine bestimmte Reihenfolge bringen; man beachte die Ordnung bei der obigen Reihe.

Es gibt noch einen weiteren Aufgabentyp, in dem die Seriation den ersten Schritt darstellt und zwar die Aufgaben mit indirekten Verhältnissen. Das Kind wird aufgefordert, den bezifferten Punkt auf dem einen Arm einer zweiarmigen Waage zu finden, auf den es ein Sechs-Unzen-Gewicht, das ein Vier-Unzen-Gewicht an der Stelle »4« auf dem anderen Arm der Waage im Gleichgewicht hält, legen kann. Das Kind legt das Sechs-Unzen-Gewicht zunächst auf die Position »4« und stellt fest, daß es viel zu schwer ist. Dann schiebt es das Gewicht sehr langsam je eine Raste weiter in den Hebelarm, bis die Waage das Gleichgewicht erreicht. Nach solchen »Schiebe-Operationen«, die eine Seriation auf einer konkret-operationalen Stufe darstellen, erkennt das Kind allmählich, daß man die Stelle, an die das Gewicht gelegt werden muß, auch vorherbestimmen kann. Die Überlegung »je weiter das Gewicht nach außen gelegt wird, desto mehr sinkt der eine Arm der Waage« stellt den ersten Versuch dar, das Gesetz zu erklären. »Wenn man also will, daß ein schwerer Gegenstand einen leichteren, der ganz weit außen steht, im Gleichgewicht hält, muß man den schweren Gegenstand dicht neben den Stützpunkt legen«. Das Kind entdeckt hier Beziehungen zwischen Beziehungen: zwischen *schwerer als* und *dichter an* und *leichter als* und *weiter entfernt;* auch lernt es, wie sich veränderte Gewichte und Entfernungen zueinander verhalten.

Die Operation der Seriation durch »Hineinschieben« oder »Herausziehen« trägt zur Herstellung des Gleichgewichts in vielen verschiedenen Systemen bei; eine fünfte Klasse arbeitet zum Beispiel an einer Mischungsaufgabe in Verbindung mit einer Wärmeeinheit. Eine Aufgabe bestand darin, die Wassertemperatur herauszufinden, die der von zusammengegossenen Wasserteilen von 70 ° und 10 ° entsprach. Dies ist eine Verhältnis- und Proportionsaufgabe, die Operationen, die ihren Ursprung in der einfachen Seriation haben, das heißt in der Fähigkeit, eine Reihe in aufsteigender und absteigender Folge zu ordnen, voraussetzt. Wir können im einen Teil des Systems »aufrücken«, aber dasselbe Verhältnis im anderen Teil des Systems aufrechterhalten, indem wir hier etwas »herunterrücken«. Durch diesen Prozeß des Auf- und Herunterrückens erreichen wir eine Grenze, an der sich die zwei Subsysteme treffen.

Der Versuchsleiter berichtet, wie manche Fünftkläßler anhand der Seriation die Wassermischungaufgabe lösten:

Ich erwartete, daß die meisten Fünftkläßler die Temperatur der Mischung aus 70° und 10° Wasser durch herauf- und herunterrücken, oder durch herauf- und herabstufen, wie wir es nannten, voraussagen würden; die Experimentalgruppe erkannte nicht, daß die Aufgabe durch Seriation gelöst werden konnte, und so mußten die Kinder als nächstes dazu angeleitet werden, sich mit einem Verhältnisproblem konkret auseinanderzusetzen. Die Kinder mußten sich eine vertikale Liniengraphik, die man ihnen gab, als Thermometer und Cuisinairestäbe als Grade vorstellen. Sie wurden aufgefordert, unter Verwendung der Stäbe die Temperatur dieser speziellen Mischung zu ermitteln. Diese Aktivität schien die Entwicklung des eins-zu-eins-Entsprechungskonzepts positiv zu beeinflussen; die Kinder erklärten ihre strategischen Methoden so: »Diese Seite gibt einen ab, und diese Seite erhält einen.« »Man muß einen auf- und einen abstufen.« Sie lernten anhand der Stäbe ziemlich schnell, den Mittelpunkt zu finden. Manche gaben die Stäbe auf und benützten nur die Liniengraphik, um zu einer Antwort zu gelangen. Manchen gelang sogar am Ende des Unterrichts das gleichzeitige Auf- und Abstufen von 5 und 10 Punkten zur selben Zeit. Für manche Kinder waren die Stäbe ein wesentliches konkretes Bezugssystem, mit Hilfe dessen sie den Begriff der Seriation allmählich erwarben.
In nachfolgenden Lernabschnitten arbeiteten wir an 2–2- oder 3–3-Verhältnisaufgaben. Dieses Problem bereitete den Kindern keine Schwierigkeit; sie sahen schnell, daß 1–1, 2–2 und andere ähnliche Verhältnisse alle die gleichen Ergebnisse liefern würden. Sie mußten jedesmal auf Datenblättern angeben, wieviele Grade die Entfernung zwischen kalt und warm betrug und wie dieser Unterschied für ein 1–1-, 2–2-Verhältnis aufgeteilt werden müßte.

Bei der letzten Aufgabe in dieser speziellen Unterrichtsreihe mußten sich die Kinder mit ungleichen Verhältnissen auseinandersetzen – Mischungen, bei denen sich kaltes und warmes Wasser wie 1 zu 2, 3 zu 1, usw. verhielt. Das Lehrverfahren war jedesmal dasselbe: Einführung in das Problem und Voraussage des Ergebnisses; Ausführung der Mischaktivität und Aufzeichnung der Daten; Ausarbeitung einer Lösung mit Hilfe der Cuisinairestäbe und Besprechung von Lösungswegen. Wieder konnte ein eins-zu-zwei-Verhältnis durch die Stäbe konkret dargestellt werden; wieder konnten einige Kinder ohne Stäbe, nur mit Hilfe der graphischen Linien zur Lösung gelangen. Diese Probleme bereiteten den Kindern erwartungsgemäß größere Schwierigkeiten als solche mit gleichen Verhältnissen, aber alle Kinder lösten die Aufgaben richtig, wenn auch auf verschiedenen Abstraktionsstufen.

Es ist oft nicht nur in den Naturwissenschaften und in der Mathematik, sondern auch in den Sozialwissenschaften erforderlich, Elemente in eine gewisse Ordnung zu bringen und Beziehungen zwischen Beziehungen aufzustellen.

Die Voraussetzung für die Lösung von Aufgaben dieser Art liefern Seriationsaktivitäten und sicherlich können auch Verhältnis- und Proportionsaufgaben, wenn auch, wie oben aufgeführt, etwas mühsamer, durch Operationen der Seriation gelöst werden. In den Fällen, in denen Seriationsstrukturen adäquat sind, sind die schwierigeren Konzepte, die von der Seriationsfähigkeit abhängen, einfacher zu erfassen. Deshalb halten wir ein frühes Training in diesem Gebiet für wichtig.

6.1. Die Entwicklung des Seriationsbegriffs in der frühen Kindheit

Piaget hat mit seinen Mitarbeitern systematische Studien über die Entwicklung des Seriationskonzeptes bei kleinen Kindern betrieben. Sie stellen fest, daß die Operation der Seriation im sensomotorischen Stadium auftritt, obwohl das Verhalten noch unsystematisch ist. Mit achtzehn Monaten kann das Kind mit Hilfe des Versuch-und-Irrtum-Verfahrens einen Turm aus verschiedenen, immer kleiner werdenden Blökken bauen. Mit zwei Jahren kann das Kind auf die gleiche Weise eine Aufgabe mit Montessori-Schachteln durchführen.

Piaget stellt auch fest, daß Seriationsprobleme nicht rein perzeptiv gelöst werden können; er glaubt, daß das Seriationsverhalten logische Strukturen, die über die bloße Wahrnehmung hinausgehen, erforderlich macht; im folgenden soll ein Experiment, das von *Piaget* und *Inhelder* ausgeführt wurde und das in diesem Punkt bedeutsam ist, beschrieben werden:

Wir legten vier- bis zehnjährigen Kindern verschieden lange Stäbe, die reihenweise geordnet waren, vor. Der Unterschied der Länge mancher Stäbe war gleich, so daß die Reihe gleichmäßig aufsteigend war, während andere ungleiche Unterschiede aufwiesen. Aber diese waren trotzdem regelmäßig: Wenn die Stäbe geradlinig angeordnet waren, beschrieben die Stabspitzen entweder eine positiv- oder eine negativbeschleunigte Parabel, das heißt, die Größenunterschiede wurden von links nach rechts regelmäßig kleiner oder größer. Die Operation, die das Kind nun ausführen muß, besteht darin, die Unterschiede zwischen zwei Paaren von benachbarten Elementen zu vergleichen. Das erste

Paar befindet sich am Anfang der Reihe, das zweite am Ende. Kleine Kinder (5–7 Jahre) müssen die zwei Unterschiede vergleichen, indem sie das eine Paar mit dem anderen messen, während ältere Kinder (9–10 Jahre) sofort sagen können, ob die Unterschiede gleich oder ungleich sind, indem sie die Konfiguration der Reihe mitberücksichtigen. Dieses Experiment scheint zu beweisen, daß Kinder bis zu einem relativ fortgeschrittenen Alter die Konfiguration des Ganzen nicht in Betracht ziehen (S. 248).

In einem weiteren Experiment *(Inhelder und Piaget,* 1964) gab man Kindern von 4 bis 8 Jahren zehn kleine Stäbe von 9–12 cm, zusammen mit einer Reihe von mittelgroßen Stäben, die in die erste Reihe eingesetzt werden sollten. Die Kinder wurden aufgefordert, die Stäbe zu ordnen. Die Versuchsleiter stellten fest, daß die meisten Vier- und Fünfjährigen entweder keinen Seriationsversuch machten oder nur Unterklassen von 2, 3 oder 4 Elementen zusammenstellen konnten. Manche der Fünfjährigen (12 %) und Sechsjährigen (25 %) gingen nach der Versuch-und-Irrtum-Methode vor; aber erst mit sieben oder acht Jahren sind Kinder imstande, die Aufgaben mit Hilfe der »operationalen« Methode, wie *Piaget* sie nennt, erfolgreich durchzuführen, obwohl sich auch jüngere Kinder hier bewähren, wenn nur einige wenige Elemente vorhanden und die Größenunterschiede zwischen den einzelnen Objekten groß genug sind. Die Operationen der Seriation treten genau in dem Alter auf, in dem auch die echte Klassifikation entsteht.

Die »operationale« Methode besagt nach *Piaget,* daß das Kind bei der Einordnung von Objekten in eine Gruppe von einem vorher entworfenen Schema ausgeht. In der Aufgabe mit den Stäben wählt das Kind bewußt das kleinste Element und baut eine Reihe auf, in der die Objekte nach aufsteigender Größe geordnet sind. Um nach dieser systematischen Methode vorgehen zu können, muß das Kind über die Reversibilität im Denken verfügen: das Kind, das aus einer Gruppe von Objekten das kleinste und dann jedesmal das nächstgrößere ausfindig machen soll, muß jedesmal bedenken, daß das Element, das es gerade auswählt, sowohl länger als das vorhergehende als auch kürzer als die übriggebliebenen sein soll.

Es ist bemerkenwert, daß Kinder eine aufsteigende Reihe von Stäben auf einer früheren Entwicklungstufe zeichnen als eine echte Seriation durchführen können. *Piaget* erklärt dies dadurch, daß eine Zeichnung keine Reversibilität erfordert.

Hier braucht das Kind nicht zu denken: »Ich muß einen Stab finden, der länger als dieser, aber kürzer als alle anderen ist«; es zeichnet einen Stab nach dem anderen und berücksichtigt dabei nur eine Richtung der Größenvariablen. Die Beziehung, die es aufstellt, ist nach einer Seite gerichtet und deshalb irreversibel. Es braucht die zwei Richtungen, nämlich Rückschau und Vorschau, nicht miteinander zu koordinieren.

Das Kind sieht zwar das Endergebnis voraus, nicht aber die Schritte, die erforderlich sind, um es zu erzielen.

Komplizierter als die einfache Seriation mit nur einer Variablen (wie Stablänge) ist die Seriation mit zwei Variablen. Ein Beispiel dafür wäre ein Kalender. Ein Tag kann ein Tag innerhalb des Monats, Teil einer monatlichen Folge: 1, 2, 3, 4 usw., aber auch ein Wochentag wie Sonntag, Montag, Dienstag usw. sein. Da der Tag diese zwei Eigenschaften besitzt, ist es möglich, eine Tafel oder einen Kalender aufzustellen, in dem die Zahlen in der vertikalen Spalte (gewöhnlich) denselben Wochentag und die Ziffern in der horizontalen Spalte die Wochentage darstellen. Das Ergebnis ist eine Matrix, bei der die Reihe sowohl der horizontalen als auch der vertikalen Achse entlang geordnet ist.

In einer ähnlichen *Piaget*-Aufgabe gibt man dem Kind Zeichnungen von Blättern, die nach Größe und Farbintensität und zwar nach sieben verschiedenen Größen und Farbtönen, die von gelbgrün zu dunkelgrün reichen, geordnet sind. Das Kind soll nun die Elemente nach eigenem Gutdünken ordnen oder der Versuchleiter macht den ersten Schritt und bildet die erste Musterreihe selbst. Mit fünf Jahren zeigen Kinder noch überhaupt kein Seriationsverhalten; im folgenden soll ein Protokoll von *Inhelder* und *Piaget,* das eine typische Verhaltensweise bei einer Reihe von 32 Elementen beschreibt, angeführt werden:

Hen (5; 5)[3]. Die kleine Gruppe mit 32 Elementen: Er beginnt mit Aneinanderreihung der 32 Blätter, wobei er die identischen Elemente nebeneinander aufstellt. Er stellt auch die acht größten Blätter zusammen, aber verstreut die übrigen 24 unregelmäßig. Kannst du das noch besser machen? – (Er ordnet wieder und hört auf mit vier Gruppen, die nach Größe, jedoch nicht in einer bestimmten Reihenfolge aufgestellt sind; dabei läßt er den Farbfaktor völlig unberücksichtigt.) – Kannst du sie so zusammenstellen, daß man sehen kann, welche Blätter dunkel, welche weniger dunkel, hell und sehr hell sind? – (Er versucht eine Seriation durchzuführen, die aber ungenau wird, da er durch die Größen verwirrt wird.) Versuche sie nun so zu ordnen, daß die kleinen zusammen sind und die großen auch, aber so, daß auch die gleichfarbigen Blätter zusammenkommen. – (Er bildet einen großen Kreis, indem er die Blätter zunächst nach Farbe zusammenstellt und dann eine Unterteilung dieser Gruppen nach der Größe vornimmt.) – Der Versuchsleiter füllt dann die obere Reihe und die linke Spalte der 16-Zellen-Matrix aus und fordert Hen auf, zwei oder drei Blätter in die richtigen Zellen zu stellen. Er kann dies durch Versuch und Irrtum lösen: *Weil es die gleiche Farbe und die gleiche Größe ist* (S. 270).

Andere Kinder der gleichen Altersstufe können, wenn man ihnen einen Hinweis gibt, wie man vorgehen soll, die Blätter nach Größe ordnen,

[3] *Piaget* bezieht sich auf die Untersuchungspersonen mit der Anfangssilbe ihres Vornamens; *Hen* könnte zum Beispiel für *Henri* stehen. Die eingeklammerten Zahlen bezeichnen das Alter des Kindes. Hen ist 5 Jahre und 5 Monate alt.

verteilen aber die Farben rein zufällig. Wenn man fragt: »Wo sind die hellen, die dunklen und die dunkelsten Blätter? Kannst du sie so zusammenstellen, daß man sie schnell finden kann?« wird das Kind versuchen das Farbkriterium zu berücksichtigen, aber dafür den Größenfaktor nicht beachten. Das Verhalten des Kindes stimmt auf dieser Stufe mit dem überein, was *Piaget* in Verbindung mit anderen Aufgaben beschrieben hat; das Kind im prä-operationalen Stadium berücksichtigt nur eine Variable. So wie es bei einem Mengenerhaltungsproblem die Veränderung der Höhe der Wasseroberfläche mit einer Veränderung der Breite nicht koordinieren kann, so kann es auch bei einem Seriationsproblem eine Veränderung der einen Variablen mit einer Veränderung der anderen nicht koordinieren.

Protokolle zeigen, daß das Kind auf der konkreten Stufe zwei Variablen berücksichtigen *kann* und in der Matrix sowohl Farbe als auch Größe berücksichtigt, wie das folgende Beispiel zeigt:

Mar (7; 4). Sage mir, was du siehst. – *Es gibt Blätter, die dunkler sind und Blätter, die kleiner als andere sind.* Kannst du sie ordnen? – (Er nimmt die dunkelsten Blätter heraus und ordnet sie der Größe nach ein.) *Ich habe die dunkelsten an den Anfang gestellt.* Macht das etwas aus? (Er legt die Blätter aufeinander, um ihre Größe festzustellen, fährt mit den weniger dunklen fort usw., bis die Matrix vollständig ist.) – Wie ist es dir gelungen, sie so gut zu ordnen? – *Ich schaute immer nach den kleinsten und den dunkelsten Blättern* (S. 275).

Der Leser wird hier Ähnlichkeiten zwischen geistigen Prozessen in der Seriation und denen der Klassifikation feststellen. In beiden Fällen wird das Ergebnis vorweggenommen oder vorausgesehen und auf das Gesehene Rückschau gehalten. Wie *Piaget* herausstellt, sind Klassifikation und Seriation logische Strukturen, die wie die Struktur der Reversibilität auf präzisen Gesetzen beruhen; denn sowohl bei der Klassifikation als auch der Seriation sind für den Vergleich von Unterschieden das Vor- und Zurückgehen im Geiste erforderlich.

Piaget hat noch komplexere Operationen der Seriation erkannt. Eine davon schließt die Fähigkeit ein, Unterschiede zwischen zwei Elementen einer Reihe auf andere Elemente derselben Reihe zu transponieren (A>B; B>C; deshalb A>C). In der Terminologie *Piagets* ist diese Bezeichnung »transitiv«, d. h. die Beziehung zwischen dem ersten und dem zweiten Element und zwischen dem zweiten und dritten Element in jeder Reihe impliziert, daß das erste Element in Beziehung zum dritten steht, wie auch die Verhältnisse »größer als«, »weniger als« und »gleich wie« zeigen. In einem Experiment zeigt man dem Kind zwei aufrechte Stäbe (A und B), die sich kaum in der Höhe unterscheiden. Es wird aufgefordert, die zwei Stäbe miteinander zu vergleichen und festzustellen, ob sie sich in der Höhe unterscheiden oder dieselbe Höhe haben. Das Kind stellt fest, daß B kürzer ist. Dann wird der Stab B der Länge nach auf einen anderen Tisch gelegt und mit einem anderen, kürzeren Stab (C) der Größe nach verglichen. Nachdem das Kind festgestellt hat, daß A>B und B>C ist, soll es A und C vergleichen (im Kopf) und entscheiden, ob sie sich in der Höhe unterscheiden oder gleich hoch sind. Das Kind muß B als Zwischenglied »sehen«, um das Problem lösen zu können. Wenn es weiß, wie sich sowohl A als auch C zu B verhalten, kann es folgenden Schluß ziehen: »Wenn A größer ist als B und B größer als C, dann muß A größer als C sein«.

Bei allen Meßverfahren ist Transitivität beteiligt. Eine Aufgabe, die den Kindern in Genf vorgelegt wurde, befaßte sich mit dem Messen einer Fläche. Man legt der Untersuchungsperson eine Anzahl von Objekten vor: ein Rechteck, einige kleine Quadrate und einige kleine Dreiecke. Mit Hilfe dieser Figuren muß das Kind nun entscheiden, welche von zwei Figuren, nämlich ein großes Dreieck und eine unregelmäßige Form, die größere ist. Die Maßeinheit stellen quadratische Karten von einem halben Zoll dar. Es sind genügend Meßkarten vorhanden, um die unregelmäßige Figur völlig und das Dreieck mehr als ganz zu bedecken. Mit Hilfe dieses Experiments soll festgestellt werden, in welchem Alter Kinder die Möglichkeit entdecken, die kleineren Ausschnitte als allgemeine Maßeinheit zu verwenden. Weiter soll hier untersucht werden, in welchem Alter das Kind die Transitivität entdeckt, das heißt erkennt, daß Papierquadrate, die man zunächst auf ein Dreieck und dann auf eine andere Fläche legt, an ihrem neuen Platz ebensoviel Platz beanspruchen wie zuvor. Wenn A=B und B=C, dann A=C.

Die Transitivität setzt im »Körper-Transfer« ein, wenn Kinder einen Teil ihres eigenen Körpers als *Zwischenglied* zwischen zwei Gegenständen benützen. Der Leser wird sich an die in Kapitel 5 beschriebene Meßaufgabe erinnern, in der ein Turm aus verschieden großen Klötzen gebaut werden sollte, der einem anderen, auf einer niedrigeren Unterlage gebauten Turm entsprechen sollte. Um die Höhe der zwei Türme miteinander zu vergleichen und festzustellen, ob sie die gleiche Höhe haben, kann das Kind die Hand auf die Brust legen, um die Höhe des ersten Turmes zu markieren und, die Stellung beibehaltend, zum zweiten Turm gehen, um die Höhen zu vergleichen. Das Kind verfügt hier auf der intuitiven Stufe über die Transitivität; auf der nächsten Stufe (sechs bis sieben Jahre) wird die operationale Transitivität ausgeprägter, wenn ein drittes Objekt als transitives Zwischenglied benutzt wird. Man muß beachten, daß dieses Zwischenglied ähnlich den Vergleichsobjekten und etwa in derselben Größe wie jene ist.

Wenn Kinder zwei Figuren miteinander vergleichen müssen, wie in der oben beschriebenen Aufgabe, benützen sie im Alter von fünf und sechs Jahren im allgemeinen alle Meßkarten, anstatt eine als Meßeinheit zu verwenden. Sie überlegen, daß, wenn alle Karten zum Bedecken von A und nur einige zum Bedecken von B erforderlich sind, A kleiner als B sein muß. Mit acht und neun Jahren, der höchsten Entwicklungsstufe für diese Aufgabe, verwenden Kinder sofort eine Maßeinheit und erkennen ihre Transitivität (nämlich daß die einzelnen Abschnitte, die das Maß markiert, einander gleich sein werden, da jeder Abschnitt gleich der verwendeten Maßeinheit ist).

Aus der vorhergehenden Analyse *Piagets* über die Entwicklung und die Komponenten der Seriation und ähnlicher Aktivitäten kann man die Schritte, die zu operationaler Seriation führen, erkennen und ordnen.

1. Die Zusammenstellung von zehn oder mehr Elementen nach nur einer Variablen.
2. Die Zusammenstellung von Elementen innerhalb einer Reihe nach mehr als einer Variablen.
3. Die Einordnung eines Gegenstandes in eine schon vollständige Reihe. (Entwicklung des Konzepts eines eingefügten Objekts als eines *mittleren* Objekts in einer Reihe von drei Elementen, anstatt als Glied eines Objektpaares.)
4. Lösung einer doppelten Seriationsmatrix.
5. Erreichen von Transitivität.

6.2. Trainingsaktivitäten

Für den ersten Schritt der Seriation – nämlich die Zusammenstellung von Elementen nach einer Variablen – wurden eine Reihe von Elementen, hier zehn ausgeschnittene Blumen in Töpfen, die sich in der Größe fast unmerklich unterscheiden, entwickelt. In den strukturierten Lernabschnitten gab man jedem Kind die Anweisung: »Ordne die Blumen von der kleinsten zur größten«. In diesem ersten Experiment wird kein Versuch unternommen, die Begriffe *hoch* und *breit* zu unterscheiden.

Lehrer werden feststellen, daß sich Kinder bei der Seriation genauso verhalten, wie *Piaget* es beschrieben hat. Manche Kinder (Vierjährige) können dieser Anweisung nicht folgen und müssen am Anfang Hilfestellung erhalten: Man bringt die kleinsten und die größten Blumen in einen gewissen Abstand voneinander und fordert das Kind auf, die übrigen Blumen so zu ordnen, »als würden sie wie Stufen steigen«. Kinder im ersten Seriationsstadium können sich nach solch einer Hilfestellung in der Aufgabe zurechtfinden. Sie neigen jedoch dazu, eine Reihe von drei Elementen in aufsteigender Ordnung und manchmal eine Reihe in absteigender Ordnung zusammenzustellen und die übrigen willkürlich zu verstreuen. In solch einem Fall fragt der Lehrer das Kind, ob die Blumentöpfe »wie Stufen emporsteigen«, was oft genug als Hinweis für das Kind ausreicht, denn es verbessert seine Fehler auf Grund der Wahrnehmung und führt die Serationsaufgabe richtig aus.

Unser Interesse liegt aber darin, die Materialien für die Förderung logischer Operationen und nicht der Wahrnehmung zu verwenden. Geht das Kind nach der bloßen Wahrnehmung vor und achtet auf eine stufenähnliche Anordnung der Blumentöpfe, wird es trotzdem weiter Fehler machen, da es die Blumen nicht nach dem Kriterium »größer als die vorhergehende« und »kleiner als die folgende« ordnet. Der Lehrer fragt das Kind deshalb über dessen Wahl aus: »Ist diese Blume größer als die kleine?« »Ist sie kleiner als die nächste?« »Du mußt die Blume finden, die größer als diese hier (zeigen) und kleiner als diese da ist.« Er vergewissert sich, daß das Kind die Termini »kleiner als« und »größer als« versteht, indem er eine Blume über eine andere legt, um die Größen zu vergleichen. Der Lehrer kann außerdem durch Verfolgen der Kopf- und Augenbewegungen des Kindes feststellen, wann das Kind beim Vergleichen zurück- *und* vorwärtsschaut. Die Bereitschaft zur Transitivität ist beim Kind dann vorhanden, wenn es das in die Mitte eingeschobene Element als Zwischenglied zwischen seinen kleineren und größeren Nachbarn sieht.

Auf der nächsten Schwierigkeitsstufe erfordern die Materialien, daß sie das Kind in zwei Reihen ordnet, so daß eine eins-zu-eins-Entsprechung entsteht. Die Objekte in der Gruppe bestehen aus zehn Puppen und Regenschirmen, wobei sich die Puppen größenmäßig und die Regenschirme proportionsmäßig unterscheiden. Die Aufgabe besteht nun darin, die Puppen einer Größe nach einzuordnen und den entsprechenden Schirm für jede Puppe ausfindig zu machen.

Die Puppen können auch beim nächsten Schritt Verwendung finden: Einfügung eines fehlenden Elements. Wenn das Kind die Seriation von neun der zehn Puppen ausgeführt hat, reicht ihm der Lehrer eine Puppe, die er bisher zurückgehalten hat, und fordert es auf, sie an der richtigen Stelle einzusetzen. Anhand dieser Aktivität kann der Lehrer feststellen, ob das Kind bei der Berücksichtigung zweier Variablen Fortschritte gemacht hat. Wenn das Kind nur nach dem Kriterium »kleiner als« vorgeht, kann es die Puppe leicht auf die falsche Seite der Vergleichsgruppe stellen. Andererseits kann das Kind auch rein zufällig die Puppe an die richtige Stelle einfügen. In beiden Fällen fordert der Lehrer das Kind auf, seine Wahl zu begründen: »Wieso nimmst du an, daß die Puppe da stehen sollte? Warum hast du dir diese Stelle ausgesucht?« Der Lehrer fordert das Kind weiter auf, seine Überlegungen zu begründen, indem er die Puppe an die richtige Stelle (wenn falsch) setzt und fragt: »Könnte sie auch genauso gut hier stehen? Wieso nimmst du das an?«, oder indem er die Puppe an die falsche (wenn das Kind richtig vorgegangen ist) setzt und dieselben Fragen wiederholt. Wenn das Kind nicht mit der Antwort »sie ist kleiner als diese und größer als diese« reagiert, fordert der Lehrer das Kind auf, einen Vergleich mit den beiden benachbarten Puppen zu ziehen und macht die verbale Regel explizit: »Wenn sie kleiner ist als diese und größer als diese, dann *muß* sie sich an der richtigen Stelle befinden«. Die Wirksamkeit der verbal formulierten Regel hängt davon ab, wie weit die Operation der Seriation beim Kind entwickelt ist; in unserer Experimentalgruppe schien die Wiederholung dieses verbalen Gesetzes in einem sinnvollen Kontext dazu beizutragen, daß die Kinder das eingefügte Glied als ein *Mittel*glied dreier Elemente erkannten und es nicht als Glied eines Paares betrachteten; denn dieses Mittelglied dient als wichtiger Begriff bei der Entwicklung von Transitivität.

Eine dritte Gruppe von Materialien, ein Brett mit parallelen Rillen und länglichen, in die Rillen hineinpassenden Streifen, dient als Übungseinheit mit eingebautem Feedback. Da in jede Rille der Streifen mit der richtigen Länge paßt, erhält das Kind beim Einfügen sofort Informationen darüber, ob seine Wahl richtig oder falsch war. Während manche Kinder solange probieren und Fehler machen, bis sie die richtige Antwort schließlich finden, regt ein negatives Ergebnis andere offensichtlich eher zum Nachdenken an. Auch hier kann der Lehrer seine Frage so formulieren, daß das Kind erkennt, daß seine Wahl das Mittelglied zwischen »länger als« und »kürzer als« sein muß. Da sich die Streifen in unserem speziellen Beispiel nur in der Höhe und nicht auch in der Breite unterscheiden, werden für die Bezeichnung der Höhe präzisere Termini als die pauschalen »größer« und »kleiner« gebraucht. Ferner wird die Farbe eingeführt, damit Kinder allmählich lernen, eine Gruppe auch nach einer anderen Variablen als Größe zusammenzustellen. Die Streifen unterscheiden sich alle untereinander in ihrer Farbintensität, so daß jede Reihe sowohl vom hellsten bis zum dunkelsten als vom kürzesten bis zum längsten Streifen zusammengestellt werden kann. Der Lehrer leitet die Kinder bei der Suche des »kürzesten und dunkelsten«, des »längsten und hellsten«, des »nächstlängeren und helleren« Streifens usw. an, so daß es die zwei Variablen allmählich erkennt.

Diese Materialien werden auch zur Fortführung des Fertigkeitentrainings für Transitivität verwendet. Das verbale Gesetz, das bei der zweiten Aufgabenreihe (»wenn sie kleiner als diese und größer als diese ist, dann muß sie an der richtigen Stelle sein«) eingeführt wurde, wird nun verstärkt, und die Kinder, die es richtig angewendet haben, werden in die nächste Stufe der Transitivität eingeführt. Hier geht man nach der *Braine*-Methode (1959) vor. Zunächst zeigt man dem Kind zwei benachbarte Streifen aus der Reihe (A und B) und fragt, welcher kürzer ist. Der Lehrer setzt verbale Verstärkung ein, indem er deutlich und positiv auf die richtige Antwort reagiert und beispielsweise sagt: »Das hast du dir *gut* überlegt!« (Während *Braine* äußere Verstärker wie Süßigkeiten verwendet, glauben wir, daß in einer Gruppensituation die verbale Methode weniger problematisch und zugleich effektiver ist.) Der Lehrer zeigt dem Kind dann in der gleichen Weise ein anderes Streifenpaar (B und C). Wenn das Kind richtig reagiert und sagt, daß $A > B$ und $B > C$ ist, erwidert der Lehrer: »Du hast mir über diese zwei (indem er auf A und B weist) und auch über diese zwei (indem er B und C hinüberschiebt und auf B und C weist) etwas gesagt. Kannst du mir nun über diese zwei (indem er auf A und C weist und mit der Hand die Spitzen der Streifen, wo die Ungleichheit fast nicht wahrnehmbar ist, abdeckt) etwas sagen?« »Welcher Streifen ist kürzer oder sind sie beide gleich lang?« Wenn das Kind eine falsche Reaktion zeigt, fragt der Lehrer, ob B, das Mittelglied, als allgemeine Maßeinheit verwendet werden könnte. Manche Kinder verfolgen den Hinweis und gelangen nach mehreren Trainingssitzungen zur richtigen Lösung. Wenn man nun fragt, ob sie, ohne zu messen, sicher wissen können, daß $A > C$ ist, ist ihre Reaktion eine Art Schlußfolgerung: »Wenn dieser hier größer als der zweite und der zweite größer als der dritte ist, dann muß der erste auch größer als der dritte sein«. Solch eine Reaktion zeigen Kinder erst, wenn sie mit etwa sieben Jahren das konkret-operationale Stadium erreicht haben; manche intelligenten Kinder jedoch reagieren schon am Ende des Kindergartenjahres auf die oben beschriebene Weise.

Das Matrixpuzzle, das den nächsthöheren Schwierigkeitsgrad im Programm bildet, erfordert, daß geometrische Figuren nach Größe und Seitenzahl in zwei Reihen geordnet werden; die Figuren bestehen aus einem dreiseitigen Dreieck, einem vierseitigen Rechteck, einem fünfseitigen Fünfeck und einem sechsseitigen Sechseck. Die nach Größe zusammengestellte Reihe verläuft horizontal, während die, die nach der Anzahl der Seiten geordnet wird, vertikal verläuft. Die Kinder lernen zunächst die Namen der Figuren und beschreiben, wodurch jede einzelne Figur sich von der nächsten in der Reihe unterscheidet usw. Wenn einmal die wahrnehmbaren Faktoren herausgestellt sind, werden die Kinder aufgefordert, vier (zwischen einem und drei Zoll große) Dreiecke zu ordnen. Diese Aufgabe, bei der nur vier Figuren beteiligt sind, bereitet Kindern auf dieser Trainingsstufe gewöhnlich keine Schwierigkeiten. Danach gibt man den Kindern vier verschiedene geometrische Figuren, die sich nur in der Seitenzahl unterscheiden. Die Variable der Seitenzahl verursacht größere Schwierigkeiten, da sie nicht allzu stark wahrnehmbar ist; trotzdem setzen sich Vierjährige erfolgreich mit dieser Aufgabe auseinander. Wenn diese zwei Schritte vollzogen sind, gibt der Lehrer den Kindern alle 16 Figuren, »die so aufgestellt werden müssen, daß man leicht etwa die kleinste Figur, die auch die geringste Seitenzahl hat, oder irgendeine andere Figur ausfindig machen kann«. Der Lehrer kann für die Kinder, die sich anfangs schwertun, die oberste Reihe und die linke Spalte ausfüllen und die übrigen Reihen den Kindern überlassen.

Auch bei diesem Matrixtraining spielt Sprache, wie bei allen anderen Aktivitäten im *Piaget*-Programm, eine wichtige Rolle. Das Kind wird ständig aufgefordert, seine Handlungen und seine Beweggründe zu erklären. Der Lehrer vergewissert sich dabei ständig der Tatsache, daß es sowohl Größe als auch Seitenzahl berücksichtigt und stellt diesbezügliche Fragen, um die Aufmerksamkeit des Kindes auf beide Variablen zu lenken, wenn es nur nach der einen vorgeht. Zuletzt muß dasjenige Kind, das die Matrixaufgabe richtig gelöst hat, einem anderen Kind erklären, wei es beim Ordnen der Reihen und der Spalten vorgegangen ist, so daß auch das andere Kind nach der gleichen Methode vorgehen kann.

Die letzte Aufgabenreihe im Seriationstraining befaßt sich mit Meßaktivitäten. Während wir schon bei der Besprechung der Zahl-, Maß- und Raumaktivitäten teilweise auf das Messen eingingen, legen wir hierbei besonderen Nachdruck auf das Üben der Transitivität. Der Leser wird sich an die Erörterung im Kapitel 5 erinnern, wo wir feststellten, daß für den Erwerb des Maßbegriffes die Vorstellung von einer festen Einheit, die im Raum bewegt und so oft wie nötig auf ein bestimmtes Objekt, das gemessen werden soll, angewendet werden kann, erforderlich ist. Grundlegend hierfür ist die Erkenntnis, daß die Standardeinheit, die zunächst auf einen und dann auf einen anderen Gegenstand angewendet wird, jedesmal genau die gleiche Menge erfaßt. Mit anderen Worten: Wenn A=B und B=C, dann A=C. Die Einheit, die hier angewendet wird, ist B. Seriationstraining war bis jetzt darauf gerichtet, einen bestimmten Bestandteil einer Reihe als Mittelglied zu sehen; diese letzte Trainingsphase wendet frühere Übungen auf das Messen an.

Bei der Aufgabe, die für diese Aktivität entwickelt wurde, geht es darum, daß man erkennt, welche von zwei unregelmäßigen braunen und grünen Spielflächen die größere Fläche besitzt (»welche Kindern mehr Spielplatz bieten würde«). Die zwei Spielplätze können nicht aufeinandergelegt und dadurch verglichen werden. Das Kind erhält genügend viele kleine Quadrate und Rechtecke, die die größere Spielfläche genau und die kleinere mehr als bedecken. Die richtige Lösung verlangt auch hier eine Art Schlußfolgerung: »Wenn man alle kleinen

Figuren braucht, um die braune Spielfläche zu bedecken, aber nicht alle braucht, um die grüne zu belegen, dann muß die braune Fläche größer sein«. Um zu dieser Überlegung fähig zu sein, müssen Kinder Zwischenstufen durchlaufen und B (die kleinen Figuren) verwenden, um A (die braune Fläche) mit B zu vergleichen, und B verwenden, um einen Vergleich mit C (grüne Spielfläche) herzustellen. Das Kind muß auch B (die kleinen Figuren) als Mittelglied erkennen, das für den Vergleich von A mit C verwendet werden kann; schließlich muß dann die richtige Schlußfolgerung gezogen werden.

6.3. Nachwort

Die Curriculum-Aktivitäten, die in den drei letzten Kapiteln beschrieben wurden, dienen dazu, Kindern von 4 bis 7 Jahren zu helfen, stetige Fortschritte in der Entwicklung des logischen Denkens zu machen. Nicht alle Kinder sind mit 7 Jahren fähig, das Programm ganz auszuführen; und nicht alle Kinder erreichen mit 7 Jahren das Stadium des konkret-operationalen Denkens. Die Verbindung von kurzen, strukturierten Lernabschnitten mit freien Spielperioden, in denen die erlernten Dinge vertieft werden, trägt jedoch zu diesem Fortschritt bei und sorgt dafür, daß mehr Kinder die zur Lösung von Problemen notwendigen Denkfähigkeiten erwerben.

Anhang 1

Syntaktische Strukturen für das vorschulische Sprachtraining[4]

Dieses Verzeichnis syntaktischer Strukturen wurde von *Bellugi-Klima* und *Hass* für ein Forschungsprojekt vorbereitet, das unter der Schirmherrschaft des »*National Laboratory on Early Childhood Education*« ausgeführt wurde. Viele sind jedoch der Meinung, daß es auch für andere Zwecke nützlich ist. Lehrer, die versuchen, die Sprachentwicklung des Kindes durch eine sogenannte natürliche Methode zu beschleunigen, finden es hilfreich. Die Methode ist relativ einfach. Der Lehrer hört dem Kind zu und registriert dessen unausgebildete syntaktische Strukturen. Dann bildet der Lehrer bewußt die korrekte Syntax und ermuntert das Kind dazu, sie auch zu verwenden, indem er ihm eine Frage stellt, deren Beantwortung den Gebrauch dieser Struktur erfordert. Der Lehrer könnte zum Besipiel feststellen, daß mehrere seiner Schüler Verben in der Präsensform gebrauchen, auch wenn die Vergangenheit erforderlich ist. Das Kind könnte zum Beispiel sagen: »Gestern gehe ich in den Park und finde ein Nest«. Der Lehrer antwortet darauf: »Fandest du ein Nest, Marshall? Wie sah das Nest aus? War es ein Vogelnest?« Hier fällt auf, daß der Lehrer für das Kind nicht nur die Vergangenheitsform des Verbs »finden« bildet, sondern auch eine Transformation des Aussagesatzes »du findest ein Vogelnest« vornimmt und ihn in einen Fragesatz der Vergangenheit, nämlich »fandest du« umwandelt, sowie auch die Vergangenheit des Verbes »sein« bildet.

Zahlreiche Psycholinguisten meinen, daß das Kind mit seinem ungeheuer großen angeborenen Sprachvermögen die Standardsprache zu lernen imstande sein wird, wenn es nur oft genug gut formulierte Mustersätze hört, deren Regeln es dann verarbeiten und verallgemeinern kann. Die vorgelegte Liste syntaktischer Strukturen kann dem Lehrer helfen festzustellen, welche syntaktischen Strukturen sich in den Vorschuljahren entwickeln; dadurch wird er benachteiligten Kindern helfen können, sie zu erwerben. Die Beispiele, die im folgenden aufgeführt werden, sind aus dem *Teacher's Guide to Early Childhood Curriculum: A Piaget Approach* entnommen.

[4] Ausgewählt nach dem Kriterium der möglichen Unterstützung des logischen Denkens. Bearbeitet nach einer Liste, die von *Ursula Bellugi-Klima,* Salk Institute for Biological Studies und *Wilbur Hass,* University of Chicago, für ERIC Clearinghouse on Early Childhood Education vorbereitet wurde.

Überblick über die syntaktischen Strukturen

Flexionen
Präpositionen
Hilfsverben in negativen Aussagesätzen
Indirekte Fragen
W-Fragen
Nachgestellte Fragen (Redensarten)
Koordinationen, Adversative
Komparative
Komplexe Nominalphrase
Zusammengesetzte Hilfsverben
Verneinung mit unbestimmten Begriffen
Satzverbindungen
  Relativsätze
  Temporale Konjunktionen
  Kausale Konjunktionen
  Konditionalsätze

Plural

Manche der Autos sind gelb.
Die Perlen sind in der Schachtel.

Regelmäßige Vergangenheit

Gestern arbeiteten wir mit Perlen.
Letztes Mal sortiertest du die Gegenstände nach der Farbe.

Dritte Person Singular Präsens Indikativ

Die große Figur paßt zu den anderen.
Das Viereck paßt in den Ring.

Präpositionen

Lege das Dreieck neben das Viereck.
Lege das Dreieck hinter das Viereck.
Lege das Dreieck vor das Viereck.
Lege die Münze in die Tasse.
Lege die Münze auf den Teller
Lege die Münze unter die Tasse.
Lege die Münze auf das Spielzeug.
Lege die Münze unter das Spielzeug.
Lege die Münze neben das Spielzeug.
Schiebe den Baum auf dem Papier hinauf.
Schiebe den Baum auf dem Papier hinunter.
Schiebe die Matte von Frank zu Jim.
Schiebe die Matte von Jim zu Frank.

»Sein« – Verneinung und Frage

Der Gegenstand ist rund.
Dies sind Dinge, die nicht wachsen.
Ist der Gegenstand nicht rund?
Sind dies Dinge, die nicht wachsen?

»Sein« in der Vergangenheit

Die Schirme waren den Puppen zugeordnet.

»Sein« + Fragesatz in der Vergangenheit

Waren dies nicht die Gegenstände, die man dehnen konnte?

»Sein« – Affirmativ und Fragend

Dieser Löffel ist aus Plastik.
Sind diese Pullover für die Puppen?

Indirekte Fragesätze

Ich sah nicht, was du getan hast.
Stelle fest, wo du es hinlegen könntest.
Frage deinen Partner, wie er das gemacht hat.

W-Fragen

(Verwenden Sie verschiedene Fragewörter – wer, was wo, wann, warum, wie, welche – und eine Auswahl von Hilfsverben – sein, tun, haben – sowie Modalsätze[5] und verneinte Fragen!)
Welche Gegenstände werden aus zwei Materialien hergestellt?
Wo kannst du die langen Gegenstände verwenden?
Welche Dinge kannst du nicht beim Essen verwenden?
Wohin legtest du die runden Gegenstände?
Wer kann den einen finden, der unterschiedlich ist?
Wie stellst du fest, welche du verwenden kannst?

Nachgestellte Fragen (Redensarten)

Es wird sich aufhellen, nicht wahr?
Du könntest es so machen, siehst du?
Du hättest es auch anders machen können, oder?

Koordinationen

Lege die Münze und die Puppen in die Schachtel.
Die roten Autos sind auf dem einen Feld, und die blauen sind auf einem anderen Feld geparkt.

Adversativsätze

Dies ist groß aber leicht.
Dieser Gegenstand ist viereckig, aber nicht groß.
Ich denke an einen Gegenstand, der dunkel aber nicht schwer ist.

Disjunktive

Nimm dir entweder die breiten oder die dunklen heraus.
Zu diesem Stapel gehört ein rundes oder ein viereckiges Teil.

Komparative

Suche das breitere Stück.
Zeige mir den kürzeren Stab.

[5] *Modal* in diesem Kontext bezieht sich auf das, was möglich bzw. nicht möglich oder richtig bzw. falsch ist.

Zeige auf den breiteren.
Zeige auf einen, der länger und schmaler ist.
Zeige mir einen, der breiter und kürzer ist.

Komplexe Nominalphrasen

Der längere dünnere Stab gehört hierher.
Ich denke an den weißen, viereckigen, kleinen Gegenstand.

Komplexe Verbphrasen mit Hilfsverben

Wir hätten es anders machen können.
Du hättest sie auch so auswählen können.
Dieses Gefäß hätte mit Wasser gefüllt werden können.

Verneinung mit unbestimmten Begriffen

Keiner von diesen ist rund.
Ich sehe nichts rundes.

Relativsätze

Jeder beliebige Gegenstand, den du findest, kann benützt werden.
Was du nicht sortieren kannst, kannst du auf die Seite legen.

Temporale Konjunktionen

(Vorher, danach, wenn, sobald, als, usw.)
(Dies tritt sehr spät in der Entwicklungsfolge des Kindes auf und sollte deshalb vielleicht nur dann verwendet werden, wenn die Kinder ziemlich fortgeschritten sind.)
Bevor Du zu spielen anfängst, suche Dir einen Partner.
Hebe die Hand, sobald Du alle versucht hast.

Kausale Konjunktionen

Weil dieser Stab der kürzeste ist, muß er an das Ende gestellt werden.

Anhang 2

Einige Piaget-Aufgaben zur Beurteilung der logischen Denkfähigkeit

Obwohl *Piaget* einen großen Beitrag zu unserem Verständnis der logischen Denkfähigkeit geleistet hat, ist seine Theorie nicht leicht verständlich, und seine Schriften sind schwierig. Dies liegt teilweise daran, daß seine Theorie viele unbekannte Begriffe einführt: Assimilation, Akkomodation, Äquilibration, prä-operational, konkrete Operationen, Transitivität, logische Multiplikation usw. Die meisten Leser haben keinen Bezug zu solchen Begriffen. *Piaget* schlägt jedoch selbst eine Lösung vor. Er legt denen, die einen tieferen Einblick in die Denkprozesse gewinnen wollen, nahe, einige der in Genf entwickelten Aufgaben durchzuführen und die Verhaltensweisen der Kinder aufmerksam zu verfolgen.

Anleitungen zu einigen Aufgaben folgen. Zwei von ihnen befassen sich mit der Klassifikationsfähigkeit: *Kriterienwechsel,* der anzeigt, ob das Kind mehr als eine Eigenschaft eines Gegenstandes erkennen kann und flexibel genug ist, seine Klassifikationskriterien zu ändern; diese Aufgabe wird im allgemeinen von 75 % der sechsjährigen Kinder bewältigt; und Klasseneinschluß-Perlen, eine Aufgabe, die die Fähigkeit des Kindes, eine Subklasse in eine größere Gruppe einzuordnen und die übergeordnete Klasse in ihre Bestandteile zu zerlegen, erfaßt. Diese Aufgabe können im allgemeinen 75 % aller achtjährigen Kinder lösen.

Auch zwei Erhaltungsaufgaben sind angeführt *Mengen-* und *Längenerhaltung,* die ziemlich deutlich zeigen, ob das Kind Prozesse umkehren oder erkennen kann, daß Materie oder Länge erhalten bleiben, wenn nichts hinzugefügt oder entfernt wird; die *Mengen*aufgabe wird gewöhnlich mit sieben und die *Längen*aufgabe mit etwa neun Jahren bewältigt.

Die benötigten Materialien für die Durchführung dieser Aufgaben können ziemlich leicht improvisiert werden. Einige Richtlinien für die Bewertung der Antworten der Kinder sind beigefügt.

Der Leser wird merken, daß in diesem Buch kein spezifisches Trainingsprogramm für Identitäts-Aufgaben aufgeführt ist. Die Aufgaben können deshalb zum Testen des Transfers dienen; das heißt, man kann mit ihrer Hilfe feststellen, ob das Training für die logische Denkfähigkeit sich auch auf andere Aufgaben, die logische Prozesse erforderlich machen, übertragen läßt. Die Durchführung dieser Aufgaben am Anfang und am Ende des Jahres gibt dem Lehrer die Möglichkeit, den Fortschritt seiner Klasse zu beurteilen, obwohl man ohne Verwendung einer Kontrollgruppe nicht sagen kann, welchen Faktoren dieser Fortschritt zuzuschreiben ist.

Kriterienwechsel

MATERIAL:

Aus Tonpapier ausgeschnittene geometrische Figuren:
24 Kreise, Durchmesser 1 Zoll, 12 rot, 12 blau
24 Kreise, Durchmesser 2 Zoll, 12 rot, 12 blau
24 Quadrate, Seitenlänge ein Zoll, 12 rot, 12 blau
24 Quadrate, Seitenlänge 2 Zoll, 12 rot, 12 blau

DARBIETUNG:

Lege die Figuren vor dem Kind auf den Tisch, ohne sie irgendwie geordnet zu haben. »Sage mir, was das ist.«

TEIL I:

Spontane Klassifikation
»Kannst du die Dinge, die zusammenpassen, auf einen Stapel legen?«
»Lege alle Teile, die sich sehr gleichen, auf denselben Stapel.«
»Kannst du die Teile, die unterschiedlich sind, voneinander trennen?«

TEIL II:

Dichotomie
»Kannst du nun nur zwei Stapel bilden und dann die gestapelten Teile in diese zwei Schachteln legen?«
Begründung: »Wie hast du sie getrennt?«

TEIL III:

»Kannst du die Gegenstände anders ordnen und zwei Stapel bilden?« Wenn das Kind auf sein erstes Kriterium zurückkommt: »Aber du hast das schon gemacht; kannst du etwas anderes finden, wie du sie zusammenstellen kannst?«
Begründung: »Wie hast du sie getrennt? Warum?«

TEIL IV:

»Gibt es noch eine andere Möglichkeit?«
»Könntest du diese Dinge auch anders ordnen?«
Wenn das Kind die Lösung nicht finden kann, beginnt der Versuchsleiter nach einem der zwei Kriterien, das das Kind in Teil II nicht gewählt hat, zu klassfizieren.
»Könntest du so fortfahren? Warum tat ich diese zusammen in diese Schachtel und die anderen in jene Schachtel?«
Sobald das Kind die Klassifikation zu Ende geführt hat:
Begründung: »Warum stelltest du sie so zusammen? Wie würdest du sie nennen?«

Klasseneinschluß (Klassenhierarchie)

MATERIAL:

Eine Schachtel mit 18 gelben und 2 roten Holzperlen.

DARBIETUNG:

Zeige dem Kind die Perlenschachtel und frage: »Was ist dies?« »Glaubst du, daß alle gelben Perlen aus Holz sind? Glaubst du, daß die roten Perlen aus Holz sind?«

TEIL I:

»Würdest du sagen, daß in dieser Schachtel mehr gelbe Perlen, oder mehr Holzperlen sind?«
Begründung: »Warum? Woher weißt du das?«

TEIL II:

»Es gibt da zwei kleine Mädchen, die gern Halsketten aus diesen Perlen machen würden. Das eine Mädchen möchte zunächst eine Halskette aus diesen gelben Perlen machen und danach, wenn sie mir die Perlen zurückgibt, möchte das andere Mädchen gern die Holzperlen benützen. Welche der zwei Ketten wird länger sein?«
Begründung: »Warum?«

TEIL III:

a) »Wenn du mir alle gelben Perlen gibst, was bleibt dann in der Schachtel übrig?«
b) »Wenn du mir alle Holzperlen gibst, bleiben dann Perlen in der Schachtel übrig?«

Begründung: »Warum? Woher weißt du das?«

TEIL IV:
Wiederhole I.

Längenerhaltung (Längenbeurteilung von versetzten Linien)

MATERIAL:

Vier viereckige $^1/_4$-Zoll-Stäbe; zwei 6 Zoll lang, einer 5 Zoll lang, einer 7 Zoll lang.

DARBIETUNG:

»Suche die zwei Stäbe aus, die die gleiche Länge haben.«
»Warum wähltest du nicht diesen (längeren) und jenen (kürzeren) aus?«
Wenn das Kind den Begriff der Länge nicht versteht, kann ihm das Problem auf folgende Weise nahegebracht werden: Lege zwei gleich lange Stäbe vor das Kind und eine Puppe an der Spitze jeden Stabes. Frage das Kind, ob die Puppen die gleiche Entfernung zurücklegen müssen, um das Ende zu erreichen.
Begründung: »Warum?« ... P. S. Verwende, wenn erforderlich, während des ganzen Experiments Puppen.

TEIL I:

Ordne die zwei Stäbe parallel zueinander in einer Entfernung von zwei Zoll an. Paß auf, daß das eine Ende nicht über das andere hinausragt.
Nun bewege den Stab, der am weitesten vom Kind entfernt ist, zwei Zoll über die Spitze des zweiten Stabes nach rechts und paß auf, daß der Parallelismus zwischen beiden Stäben erhalten bleibt.
»Haben beide Stäbe die gleiche Länge?« »Ist der eine länger als der andere?«

Begründung:
a) »Woher weißt du das?« »Sage mir noch einmal, welcher länger ist.«
b) (Nur wenn das Kind verschiedene Längen feststellt.) »Wenn du sie messen würdest, würden sie dann auch verschieden lang sein?«

Nachdem das Kind geantwortet hat, lege den ersten Stab an seine ursprüngliche Stelle zurück.

Teil II:

Verfahre genauso wie in Teil I, lege aber diesesmal den oberen Stab auf die linke Seite.

TEIL III:

Bewege (gleichzeitig) den ersten Stab nach links und den zweiten nach rechts, so daß die Summe der Verlängerungen ein Drittel der Länge eines Stabes ergibt (das heißt zwei Zoll auf beiden Seiten).
Stelle die gleichen Fragen wie in Teil I.

Literaturhinweis: Piaget, J., Inhelder, B., und Szeminska, A. (1960) The Child's conception of geometry. New York: Basic Books.

Mengenerhaltung

MATERIAL:
Eine Tonkugel.

DARBIETUNG:

Gib dem Kind eine Tonkugel und fordere es auf, eine genau gleiche Kugel zu formen – genauso groß und genauso schwer.

AKTIVITÄT:

Nachdem das Kind die Aktivität ausgeführt hat, behalte eine Kugel als Vergleichsobjekt zurück. Verändere die andere dadurch, daß du sie zu einer Wurst ausstreckst, zu einem Kuchen ausflachst, oder sie in kleine Stücke schneidest. Frage, ob die Tonmenge, ihr Gewicht und ihr Volumen als Folge der Transformation geändert haben oder gleich geblieben sind. »Haben die zwei Tonstücke die gleiche Tonmenge?«

Begründung: »Woher weißt du das?«

Literaturhinweis: Flavell, J. H. (1963) The Developmental Psychology of Jean Piaget. New Jersey: Van Nostrand.

Literaturverzeichnis

Bellin, H. (1965): Learning and operational convergence in logical thought development. J. Exp. Child Psychol. *2*, 317–339.
Bellugi-Klima, U. (1967): The acquisition of the system of negation in children's speech. Doctoral dissertation, Harvard Graduate School of Education.
–, *Hass, W.* (1968): Syntactical structures for modeling in preschool language training. In: *C. Lavatelli* (Ed.): Promising practices in language training in early childhood education. Urbana: University of Illinois Press, ERIC Clearinghouse on Early Childhood Education.
Bereiter, C., Engelmann, S. (1966): Teaching disadvantaged children in the preschool. Englewood Cliffs, N. J.: Prentice Hall.
Bereiter, C., Engelman, S., Osborne, J.: Eine intellektuell orientierte Vorschule für kulturell benachteiligte Kinder. In: *Hechinger, F. M.* (Hg.), 1970: Vorschulerziehung als Förderung sozial benachteiligter Kinder. Stuttgart: Klett Verlag.
Bernstein, B. (1961): Social class and linguistic development: a theory of social learning. In: *A. Halsey, J. Floud, C. Anderson* (Eds.): Education, economy, and society. New York: Free Press.
Blank, M., Solomon, F. (1968): A tutorial language program to develop abstract thinking in socially disadvantaged preschool children. Child Develpm., *39*, 379–390.
Bloom, B. S. (1964): Stability and change in human characteristics. New York: Wiley.
– Stabilität und Veränderung menschlicher Merkmale. Weinheim (1971): Beltz Verlag.
Bruner, J. (1964): The course of cognitive growth. Amer. Psychologist, *19*, 1–15.
–, *Olver, R., Greenfield, P., et al.* (1966): Studies in cognitive growth. New York: Wiley.
– Studien zur kognitiven Entwicklung. Stuttgart (1970): Klett Verlag.
Cazden, C. (1965): Environmental assistance to the child's acquisition of grammar. Doctoral thesis, Harvard University, 1965.
Clark, H. H. (1969): Linguistic processes in deductive reasoning. Psychol. Rev., *76*, 387–404.
Deutsch, M., Associates (1967): The disadvantaged child. New York: Basic Books.
Elkind, D. (1969): Conservation and concept formation. In: *D. Elkind, J. H. Flavell* (Eds.): Studies in cognitive development, essays in honor of Jean Piaget. New York: Oxford Univ. Press, pp. 171–190.
Featherstone, J. (1968): The primary school revolution in Britain. The New Republic, Special Reprint, pp. 1–16.
Flavell, J., Beach, D., Chinsky, J. (1966): Spontaneous verbal rehearsal in a memory task as a function of age. Child Develpm., *37*, 283–299.
Fowler, W. (1962): Cognitive learning in infancy and early childhood. Psychol. Bull., *59*, 116–152.
Furth, H. G. (1973): Piaget für Lehrer. Düsseldorf; Schwann.
– (1972): Intelligenz und Erkennen. Die Grundlagen der genetischen Erkenntnistheorie Piagets. Frankfurt; Suhrkamp.
Greenfield, P. (1969): Teaching mathematical concepts to two-three year olds: some experimental studies (unveröffentlicht). Harvard University Social Relations Department.
Hart, B., Risley, T. R.: Establishing use of descriptive adjectives in the spontaneous speech of disadvantaged preschool children. J. Applied Behavior Analysis.

Hess, R., Shipman, V. (1968): Parents as teachers. In: *C. Lavatelli* (Ed.): Promising practices in language training in early childhood education. Urbana: University of Illinois Press, ERIC Clearinghouse on Early Childhood Education.
Hunt, J. McV. (1961): Intelligence and experience New York: Ronald Press.
Inhelder, B., Piaget, J. (1964): The early growth of logic in the child. New York: Harper.
Jensen, A. (1968): Social class and verbal learning. In: *M. Deutsch, I. Katz, A. Jensen:* Social class, race, and psychological development. New York: Holt, Rinehart & Winston, 115–174.
–, *Ashner, W.* (1965): Syntactical mediation of serial and paired-associate learning as a function of age. Child Develpm., *36*, 601–608.
Jensen, A. R. (1969): How much can we boost IQ and scholastic achievement? Harvard Ed. Rev., *39*, 1–123.
Kohlberg, L. (1968): Early education: A cognitive-developmental view. Child Develpm., *39*, 1013–1062.
Kohnstamm, G. A. (1967): Teaching children to solve a Piagetian problem of class inclusion. Amsterdam: North-Holland Publishing Co.
Magoun, H. W., Darling, L., Prost, J. (1960): The evolution of man's brain. In: *M. Brazier* (Ed.): The central nervous system and behavior. Josiah Macy, Jr. Foundation.
Milner, Ester (1951): A study of the relationship between reading readiness in grade one school children and patterns of parent-child interaction. Child Develpm., 1951, *22*, 95–112.
Moore, D.: A critical review of methods of teaching language skills to lower class preschool children. In: *C. Lavatelli* (Ed.): Promising practices in language training in early childhood education. Urbana: University of Illionis and ERIC Clearinghouse on Early Childhood Education.
Moore, O. K. (1968): Teaching young children to read. In: *R. Hess, R. Bear* (Eds.): Preschool education: theory, research, and action, Chicago: Aldine Press.
Petter, G. (1966): Die geistige Entwicklung des Kindes im Werk von Jean Piaget. Bern & Stuttgart: Huber.
*Piaget, J.** (1950): The psychology of intelligence. London: Routledge & Kegan Paul.
– (1951): (1945, orig. French ed.): Play, dreams, and imitation in childhood. New York: Norton, 1951.
– (1952a): The child's conception of number. London: Routledge & Kegan Paul.
– (1952b): The origins of intelligence in children. New York: Int. Univer. Press.
– (1953): How children learn from mathematical concepts. Scient. Amer., *189*, 74–79.
– (1953): Logic and psychology. Manchester: Manchester University Press.
– (1961): Les Mecanismes perceptifs. Paris: Presses Univer. France.
– (1964): Three lectures in R. E. Ripple and V. N. Rockcastle Eds.), Piaget rediscovered. Ithaca, New York: Cornell University Press.
– (1967): Notions of causality. In Newsletter, No. 9, Winter 1967, Science Curriculum Improvement Study, Univ. of California, Berkeley.
–, *Inhelder, B.* (1956): The child's conception of space. London: Routledge & Kegan Paul.
–, *Inhelder, B., Szeminska, A.* (1960): The child's conception of geometry. New York: Basic Books.
Ripple, R., Rockcastle, V. (1964) (Eds.): Piaget rediscovered: a report of the conference on cognitive studies and curriculum development. Ithaca: school of Education, Cornell University.

* Ein großer Teil der hier zitierten Werke ist deutsch erschienen: *Jean Piaget*, Gesammelte Werke/Studienausgabe (10 Bde.) E. Klett 1975.

Sharp, E. (1970): Denken – ein Kinderspiel. Stuttgart: Klett Verlag.

Sigel, I., Roeper, A., Hooper, F. H. (1966): A training procedure for acquisition of Piaget's conservation of quantity: a pilot study and its replication. Brit. J. Educa. Psychol., *36*, 301–311.

Sinclair-de-Zwart, H. (1969): Developmental psycholinguistics. In: *D. Elkind, J. H. Flavell:* Studies in cognitive development, essays in honor of Jean Piaget. New York: Oxford Univ. Press.

Skeels, H. M., Dye, H. B. (1939): A study of the effects of differential stimulation on mentally retarded children, Proc. Amer. Assn. Ment. Def., *44*, 114–136.

Slobin, D., Welsh, C.: Elicited imitation as a tool in studying language development. In: *C. Lavatelli* (Ed.), Promising practices in language training in early childhood education. Urbana: University of Illinois Press and ERIC Clearinghouse on Early Childhood Education.

Smedslund, J. (1961a): The acquisition of conservation of substance a weight in children: II. External reinforcement of conservations weight and of the operations of addition and subtraction. Scand. Psychol., *2*, 71–84.

– (1961b): The acquisition of conservation of substance a weight in children: VI. Practice on continuous versus discontinua material in problem situations without external reinforcement. Scand. J. Psychol., *2*, 203–210.

Smith, I. D. (1968): The effects of training procedures upon the acquisition of conservation of weight. Child Develpm., *39*, 515–526.

Vygotsky, L. S. (1962): Thought and language, New York: Wiley.

– Denken und Sprechen. S. Fischer, Stuttgart 1969.

Wohlwill, J. F. (1960) A study of the development of the number concept by scalogram analysis. J. Genet, Psychol., *97*, 345–377.

Sachverzeichnis